Volker Friebel, Marianne Kunz

Zeiten der Ruhe – Feste der Stille

Mit Spielen, Geschichten, Liedern und Tänzen:
vom Winteraustreiben über Ostern, das Sommerfest
und Halloween bis in die Weihnachtszeit

Buch und CD

Illustrationen Vanessa Paulzen

Ökotopia Verlag Münster

Impressum

Autoren: Volker Friebel, Marianne Kunz

Illustrationen: Vanessa Paulzen

Satz: Studio Bandur, Idstein-Wörsdorf

Herausgeber: BBS – Buchwerk Bernhard Schön, Idstein

ISBN: 978-3-936286-01-4

© 2002 Ökotopia Verlag, Münster

3 4 5 6 7 · 12 12 11 10

Inhalt

Vorwort

Schläft ein Lied in allen Dingen,
die da träumen fort und fort.
Und die Welt hebt an zu singen,
triffst du nur das Zauberwort.
(Joseph von Eichendorff)

Ein Zauberwort, und alles um uns wird still. Wer wünschte sich nicht solche Zauberkraft? Jeder kennt das Laute, die Hektik, das Vielerlei.. Das Lied in allen Dingen zu hören, dazu bedarf es der Stille.

Wenn wir darauf lauschen, werden wir feststellen, dass Stille und Klang keine Gegensätze sind, sondern einander bedingen. Erst in der Stille finden wir zu einer sensiblen Achtsamkeit auf die Dinge um uns und in uns selbst. Ein Raum wird bereitet für ein besonderes, ein tieferes Erleben. Das dann auch ausstrahlen kann auf unser Wohlbefinden, das uns Ruhe schenkt und in der Ruhe lebendig sein lässt.

Wir haben im Alltag, in Festen und Bräuchen nach der Stille gesucht, um sie dort zu fördern, zu stärken, vielleicht erst wieder hervorzulocken, wo sie von sich aus schon ist. Ursprung und Sinn mancher Feste haben sich uns dabei neu erschlossen, und ihre Verbindung zur Stille, zum Licht, zum Leben und zu uns selbst.

Von dieser Schatzsuche erzählt unser Buch. Und vielleicht trifft der Klang eines Liedes, die Atmosphäre einer Geschichte oder die Bewegung im Tanz ganz unversehens das Zauberwort ...

Marianne & Volker

Die beiden Gesichter der Stille

Die Stille hat ein helles Gesicht – und ein dunkles. Was wird Gutes mit Stille verbunden? Besinnung, Einkehr, Rückzug, Innigkeit, auch schöpferische Kraft. Kinder spielen, bauen, basteln, lesen, sie wollen sich dann intensiver mit den Dingen beschäftigen. Konzentration ist mit Stille verbunden. Und Nachdenken. Zum hellen Gesicht der Stille gehört auch Zeit haben. Und Angerührt-Sein, Ergriffenheit. Ein Zauber legt sich über die Dinge. Der Glanz von Augen im Kerzenlicht, unter dem Sternengefunkel, im Schein von Laternen. Die Sinne scheinen in der Stille wacher zu sein. Es gibt ein Bedürfnis nach Ruhe, nach Stille. Es kommt aus uns selbst.

Aber da ist auch das dunkle Gesicht der Stille. Wir fühlen uns eingeschränkt, die Decke fällt uns auf den Kopf. Im Winter empfinden wir das am stärksten. Es gibt so wenig Licht und Farben. Dunkel ist es und kalt: Die Kinder können draußen nicht spielen, sie fühlen sich wie eingesperrt. Und so zusammengedrängt geht man sich leichter auf die Nerven. Da braucht es dann noch mehr Rücksicht auf andere. Wer kennt nicht dieses ewige: „Sei doch mal still!" Wenn wir selbst Ruhe möchten, ist die Stille gut. Wenn andere sagen, wir sollen ruhig sein, ist sie schlecht. Da will man ausbrechen, sich frei toben.

Die Stille im Winter ist angenehm wie der Schlaf in der Nacht. Aber wenn der Schlaf zu lang dauert, scheint er uns Energie zu entziehen. Im Lebensrhythmus gibt es Zeiten der Stille und bewegtere Zeiten. Wenn wir nach Stille rufen, als Eltern, Lehrer, Erzieherinnen, dann muss sie auch angebracht sein. Sonst zeigt sie uns nicht ihr helles Gesicht, sondern weckt berechtigten Widerstand.

Das Jahr wandelt sich in den Jahreszeiten. Auch unser Leben wechselt in stillem Rückzug und bewegter Ausgelassenheit. Beides hat seinen Platz, beidem müssen wir Raum geben. In der Natur finden solche Wechsel ganz selbstverständlich statt. In unserem Alltag aber hat das Laute ein Übergewicht bekommen. Der enorme Lärmpegel entkoppelt uns von diesem natürlichen Rhythmus. Stille Zeiten am Tag und im Jahr können dann fast schon beängstigend wirken, als wäre es eine Bedrohung, wenn nicht ständig etwas um uns herum plappert und lärmt.

Wenn wir den Ausgleich zwischen laut und leise, Bewegung und Ruhe nicht schaffen, geraten wir aus dem Gleichgewicht. Überaktivität, mangelnde Konzentration, auch manche körperlichen und seelischen Leiden können die Folge sein. So wie sich unsere geschaffene Welt verändert hat, müssen wir die leisen Töne als Gegengewicht unterstützen.

Wir erreichen das gewiss nicht mit einem: „Sei doch mal still!“ Dagegen müssen Kinder rebellieren. Auch wir selbst lehnen es ab, uns in dieser Weise bestimmen zu lassen. Denn das ist die schlechte Seite der Stille. Wir aber wünschen uns ihr helles Gesicht. Wir bereiten eine Umgebung, eine Atmosphäre vor, in der die Stille Raum hat. Dabei greifen wir zunächst oft das Laute auf. Es wird nicht abgewertet, nicht zurückgedrängt. Erst aus der Anerkennung des Lauten verwirklichen wir zwanglos die Stille. Aus dem Faschingstreiben die Stille der Fastenzeit. Aus einem Bewegungsspiel die Ruhe in der Kuschelecke.

Schlüssel zur Schatzkiste

Wie gestalten wir Stille und Aktivität mit Kindern, in Festen und Übergängen, zu Hause, in der Schule, im Kindergarten? Wo lässt sich Stille entdecken, hören, riechen? Was sind unsere Schlüssel zur Schatzkiste der Stille?
Bücher zur Ruhe und Entspannung mit Kindern gibt es viele. Uns geht es darum, Stille spielerisch dort zu entdecken, wo sie immer schon ist. Wir wollen sie nicht als Übung künstlich herstellen, sondern sie dort beleben und betonen, wo sie sich in den Festen des Jahreslaufs und in den natürlichen Tagesabläufen schon anbietet. Natürlich können wir hier den ganzen Reichtum und das breite Spektrum unserer Feste und ihrer Bezüge zur Stille nicht annähernd vollständig aufgreifen.
Große Schatzkiste: Begleiten Sie uns durch das Jahr der Feste. Jedes Kapitel beginnt mit einer Erkundung des Themas, beispielsweise des Beeren- oder des Weihnachtsfestes. Dann folgen Spiele, Lieder, Tänze oder Geschichten. Fast immer haben sie direkt oder indirekt Stille zum Thema. Oft sind sie in einen größeren Gestaltungsvorschlag eingebettet. So können die Kapitel als Grundlagen für Projekte dienen. Aber alles lässt sich auch einzeln verwenden oder individuell zusammenstellen.
Kleine Schatzkiste: Dann folgen die stillen Zeiten am Tage, vom Morgenerwachen bis zum Abendlied.

Einige Elemente kehren immer wieder. Sie sind im Folgenden ausführlicher beschrieben. Was auf der CD enthalten ist, verrät Seite 96.

Gestenlieder

Ein kurzes Lied wird mit Gesten begleitet. Das fördert konzentriertes Zuhören und schult in der Umsetzung Koordination und Feinmotorik.

Sich wiederholende Abläufe schaffen Sicherheit und Geborgenheit, stärken Vertrauen und Einbindung. Das Vertrauen in die eigenen Fähigkeiten wächst, wenn immer wieder auf Bekanntes zurückgegriffen wird. Kinder fordern geradezu rituelle Wiederholungen, häufig zur Gutenachtzeit. Ein Gestenlied kann den Abschluss oder Beginn des gemeinsamen Tages oder einer Aktivität einleiten. Gestenlieder finden sich auch auf der CD.

Fantasiereisen

Fantasiereisen regen zu eigenen Vorstellungen im Reich der inneren Bilder an. Sie werden deshalb langsam und mit Pausen an geeigneten Stellen vorgelesen. Für das Erleben der Bilder braucht es Stille zwischen den Worten. Für Fantasiereisen ist also deutlich mehr Zeit ein-

zuplanen als etwa für eine textlich gleich lange Geschichte.

Am eindrücklichsten werden Fantasiereisen gemütlich im Liegen und mit geschlossenen Augen erlebt. Wir sollten dafür sorgen, dass sich die Kinder wohl fühlen, der Raum warm und gegen Störungen abgeschirmt ist.

Oft geht bei Fantasiereisen das Erleben sehr tief. Darum brauchen wir anschließend genug Zeit, um wieder ganz zu uns zu kommen. Ein Übergang kann sein: „Und damit kommt unsere Fantasiereise zum Ende. Wer bereit ist, öffnet wieder die Augen und streckt sich."

Fantasiereisen können vorgelesen, aber auch leicht aus dem eigenen Erfahrungsbereich improvisiert werden.

Memorygeschichten

Kinder genießen es, abends im Bett mit den Eltern noch einmal den Tag Revue passieren zu lassen, darüber zu sprechen, was war (siehe Seite 87). Auch mit einer Kindergruppe, beispielsweise nach einer Wanderung, kann so ein Nacherleben in Geschichtenform die Erfahrungen vertiefen und gerade ihre stilleren Seiten betonen. Da wird ein anderer ergänzen, was ich erlebt habe, zunächst wenig beachtete Aspekte werden hervorgeholt: Gerüche, Geräusche, Gefühle, Verbindungen zu früheren Situationen. So gewinnt das Erleben am Tage eine zusätzliche Perspektive und besondere Tiefe. Memorygeschichten heißt: Wie die Kärtchen beim Spiel, so decken wir die

Erlebnisse des Tages noch einmal auf und setzen sie gemeinsam zusammen.

Im unmittelbaren Erleben stürmt viel auf uns ein, meist viel zu viel, um ganz aufgenommen zu werden. Aktion bedeutet Bewegung und Reaktion, Stillesein bringt eher Reflexion – und somit ein besseres Verstehen des Erlebten. Nacherleben in der Memorygeschichte stärkt zusätzlich das Gemeinschaftsgefühl.

Im Erinnern sehe ich von außen auf das Erlebte und auf mich selbst. So kann ich verändern, verstärken, abschwächen, auch unerwartete Zusammenhänge entdecken. Als Christian am Felsvorsprung ausgerutscht ist und ich ihn gerade noch halten konnte, ging alles ganz schnell, wir sprangen gleich weiter zum Bach hinunter – aber jetzt, bei der Memorygeschichte, merke ich, wie mutig und stark ich war!

Verarbeitung des Tagesgeschehens braucht Zeit und Platz. Unsortierte Eindrücke und Gedanken geistern bis in die Nacht hinein weiter, färben während der Nacht unsere Träume und am nächsten Tag unser Erleben.

Ein Problem ist weniger die Flut der Bilder (verstärkt noch über das Fernsehen), sondern nicht darüber zu reden und die Bilder nicht ordnen zu können. Dies verursacht unsere Unruhe, unsere Angst und Aggression. Deshalb schlagen wir ein Nacherleben in Memorygeschichten vor.

Die Praxis ist spielerisch einfach: Wir legen uns hin, oder setzen uns zusammen, und erzählen. Ein Erwachsener beginnt mit dem Erzählen aus dem gemeinsamen Tagesablauf, fragt aber immer wieder nach Einzelheiten bei den Kindern nach.

„Dann sind wir am Bach auf der Brücke gestanden. – Max, weißt du noch, was wir im Wasser gesehen haben?“ – „Forellen!“ – „Und wie die sich bewegt haben, Marina?“ – „So ganz leicht mit den Flossen, und dann plötzlich blitzschnell.“ – „Weiter unten am Bach seid ihr dann auf Steinen ans andere Ufer gehüpft ...“ – „Und ich bin daneben gedappt! Puh, war das kalt! – Und du hast mich auch noch geschumpfen!“ – „Ja, tut mir Leid, ich war ganz schön erschrocken und dachte gleich an deinen bösen Husten im letzten Jahr.“

So lassen sich die verschiedenen Sinne ansprechen: Wie hat es sich angefühlt? Was war zu hören? Zu sehen? Zu riechen? Zu schmecken? Wie ging's dir bei diesem Streit? Dinge lassen sich erklären, auch zurechtrücken.

Wichtig ist eine ruhige, leichte, heitere Atmosphäre. Das Verhalten des Erwachsenen färbt die Stimmung der Kinder. Dinge sollten benannt, nicht aber schlecht gemacht werden. Auch bei einem Streit ist es besser, die verschiedenen Positionen zu Wort kommen zu lassen, nachfühlen zu lassen, was empfunden wurde, statt zu verurteilen. Die Stellungnahme des Erwachsenen kann durchaus eine gute Orientierung bieten, wenn dadurch das Kind nicht unter Druck gesetzt wird.

Tänze

Kreistänze nehmen den Bewegungsdrang der Kinder auf. Die Ordnung des Tanzes gibt Orientierung und Halt, fördert Konzentration und Gemeinschaftssinn – und erlaubt einen Spannungsabbau in der Bewegung. Spannungsabbau aber bedeutet einen Schritt hin zur Entspannung. Auch schwierige, sprachunkundige oder einfach nur lustlose Kinder lassen sich so spielerisch in die Gruppe integrieren. Denn Tanzen macht ganz einfach Freude.

Etwa sechs bis 40 Kinder können teilnehmen. Wir benötigen genügend Platz und Musik. Die CD enthält einige Tanzlieder, in den jeweiligen Kapiteln des Buchs stehen Tanzbeschreibungen. Günstig ist es, die Mitte des Tanzkreises besonders zu gestalten. Warum nicht mit einem Mandala? Sehr kleine Kinder haben noch eine ungenügende Raumvorstellung. Für sie kann deshalb der äußere Tanzkreis gekennzeichnet werden, beispielsweise mit Klebeband oder Tüchern. Innerhalb dieser Markierungen tanzen wir dann (nicht auf den Tüchern). Tanzrichtung ist traditionell gegen den Uhrzeigersinn.

Zunächst wird der Ablauf vom Erwachsenen vorgeführt. Wenn Sie dafür Bilder finden, ist es am leichtesten (siehe beispielsweise den Winteraustreibtanz S. 21). Welche Teile hat er? Wie sind die Schrittfolgen? Wie genau kann ich diese bei „meinen" Kindern schon vorgeben?

Das wird einmal „trocken" getanzt – und dann mit Musik. Bei motorisch sehr unterschiedlichem Entwicklungsstand kann eine Gruppe erst einmal geteilt werden.

Tanzen können wir auch draußen – um einen Baum zum Beispiel. Dieser alte Brauch wird heute noch in Schweden (um den Weihnachtsbaum) gepflegt. Bäume sind Symbole für Wachstum und Kraft. Auch in manchen deutschen Dörfern gibt es noch Tanzlinden.

Beim ersten Mal muss nicht alles gleich klappen. Das wäre sogar schade, denn dann haben wir nichts zu lachen und nichts mehr zu lernen. Tänze gewinnen durch Wiederholung. Sie sollten immer wieder einmal durchgeführt werden. Spaß machen sie jederzeit.

Mandalas legen

Mandalas sind bei uns durch Malvorlagen bekannt geworden. Darüber soll Ruhe und Konzentration erreicht werden. Mandalas können genauso gut gelegt werden. Da wäre eine Schale Wasser, eine Kerze, ein Tuch oder eine Feder für die Luft, irgend ein Gegenstand von der Erde: So haben wir die vier Elemente in unserer Mitte versammelt, die den Ursprung und die Kraft aller Dinge symbolisieren. Um diese herum können weitere Gegenstände liegen. Wenn wir anschließend tanzen, bildet unser Mandala eine ansprechende Mitte.

Mit einem Mandala führen wir auf ein besonderes Thema hin oder stellen etwas heraus und erleben es nach. Auf einem Spaziergang haben wir vielleicht am Waldbach Blätter, Steine, Schneckenhäuser, Blumen gesammelt, haben ein Gefäß mit Wasser gefüllt. Das ordnen wir um unsere Mitte. Beim Betrachten all dieser Dinge besprechen wir, was sie mit unserem Thema „Wasser" zu tun haben.

Es können auch Bilder ohne Themenbezug gelegt werden, beispielsweise mit Federn, Murmeln, Steinen, Tüchern, Sternen, Herbstblättern.

Bei der Rast auf einer Wanderung lässt sich ebenfalls ein Mandala legen: Vorher hat jedes Kind gesammelt: Steine und leere Schneckenhäuser, Tannenzapfen, Moospolster – je nach den Gegebenheiten unseres Wandergebiets. Daraus

legen wir dann ein Mandala, beispielsweise um einen Baumstumpf herum oder um einen kleinen Baum. Oder wir beginnen die Mitte mit einem Moospolster, einem Stein, einem Kompass – was immer wir zur Verfügung haben.

Wir müssen keine Regeln fürs Mandala-Legen vorgeben – die gemeinsame Tätigkeit erschafft aus sich selbst heraus eine Ordnung und lässt ein Ganzes entstehen.

Spannend kann es auch sein, dem Mandala anschließend einen Namen zu geben: „Luft und Erde“, „Moosparadies“, „Schlaraffenland“. Die Fantasie der Kinder ist grenzenlos.

Stillemomente

Stillemomente stellen die positiven Aspekte von Stille heraus. Hier werden auch die eigenen leisen Bedürfnisse wahrgenommen und kommen zu ihrem Recht.

Zu oft sprechen wir von „still sein“ in einem negativen Sinne, als Abwesenheit von Geräuschen, als nicht reden, nicht handeln, sich nicht einmal bewegen dürfen. Auch von Erwachsenen wird Stille häufig falsch verstanden, als Anzeichen von Trauer, Melancholie, mangelndem Selbstvertrauen, reduziertem Lebensgefühl.

Stillemomente möchten die positiven Aspekte von Stille aufzeigen und erlebbar machen. Denn erst aus der Ruhe heraus kann sich jede eigene Kraft entwickeln.

Stillemomente gründen meist auf eine Aufgabe, die für die Kinder interessant ist und genaues Zuhören verlangt. Beispielsweise wird das Fenster weit geöffnet, wir schließen die Augen und achten zwei Minuten lang – jeder für sich –, was alles zu hören ist. Und anschließend tragen wir zusammen, was gehört wurde, draußen und drinnen.

Die besten Stillemomente entwickeln sich spontan. Da kann eine Katze durch den Garten schleichen, und wir achten darauf, ob wir die Geräusche hören, die sie dabei macht. Oder wir lauschen dem Fall der Blätter im Herbst.

Stillemomente wären falsch verstanden, wollte man sie anwenden, um schnell einmal Lärm und Unruhe zu reduzieren. Sie brauchen Zeit. Mit ihnen wird Achtsamkeit für die leisen Dinge geweckt und gestärkt. Stillemomente entwickeln eine Sensibilität für das Hintergründige, auf den ersten Blick nicht Sichtbare. Das ist weniger eine Technik als vielmehr ein Weg.

Massage

Für unsere Kleinsten ist Massage die einfachste und wirkungsvollste Entspannungsweise, aber auch ältere Kinder und Erwachsene genießen sie. Auf wohltuende Weise werden unsere Sinne angesprochen. Berührung ist die unmittelbarste Form der Kommunikation. Über den Hautsinn entsteht Kontakt, Beziehung

und Geborgenheit. Wenn wir ein kleines Kind trösten, beruhigen möchten, berühren wir es. Berührung wirkt mehr als alle Worte. Eine gegenseitige Massage stärkt Kinder in ihrer sozialen Kompetenz und Sensibilität. Sie vermittelt das Gefühl, sowohl geben als auch nehmen zu können.

Wir haben eine *Bärenmassage* in unser Buch aufgenommen und möchten darüber hinaus ermutigen, Berührung nicht zu vernachlässigen und immer wieder in die Entspannung einzubeziehen. Dabei muss auf das individuelle Bedürfnis des anderen geachtet werden: Wann ist es angenehm, wann wäre mehr Abstand besser? Für die Massage ist genug Zeit einzuplanen. Der Raum sollte warm und die Unterlage bequem sein.

Vom Schlüsselträger

Gerade bei der Beschäftigung mit Stille sollte uns immer klar sein: Trotz all der interessanten Angebote – Kinder brauchen auch Leerlauf und Platz für Eigenes. Wir wollen nicht unter dem Mantel der Stille mit neuen Aktivitäten das Bedürfnis nach Rückzug, Erholung, Besinnung zudecken. Selbst Langeweile kann wichtig sein. Aus der freien Zeit entsteht Kreativität. Auch muss nicht hinter jedem Rückzug ein Problem stecken. Selbst wenn das Kind einmal traurig ist, hat es ein Recht darauf. Nicht alles muss dauernd zerredet werden. Nichtstun sollte durchaus als schöpferische Pause wohlwollend zugelassen und unterstützt werden.

Das fällt bei der Arbeit mit Kindern natürlich oft schwer, ganz besonders der Gruppenleitung in ihrer aktiven Position. Manchmal ist es aber besser zu lassen statt zu tun, Zeit zu geben und nicht noch eine weitere Aktivität durchzuführen.

Die Sensibilität von Kindern wird oft unterschätzt. Die Leitung bedarf einer eigenen inneren Bereitschaft zur Stille, Entspanntsein und ausreichend Zeit, damit Stille nicht leer geübt, sondern miteinander in ihrem Reichtum erfahren werden kann. Wer anleitet, hat Vorbildfunktion. Nicht durch „perfekte Entspannung", sondern dadurch, dass die Leitung Anspannung und Unruhe – auch die eigene – wahrnimmt, sich aber nicht von ihr bestimmen lässt. Vielleicht lernen wir über die Unruhe der Kinder auch etwas über uns selbst.

Rituale in Form von Gestenliedern oder Tänzen können uns aus der Hektik in die Stille führen. Sie können Übergänge erleichtern und zu einem individuellen Stil beitragen, sei es in der Gruppe oder in der Familie. Darüber hinaus werden Fäden gespannt für eine Beziehung, die auch durch „arme Zeiten" trägt. Oft übernehmen Kinder die Gepflogenheiten aus der eigenen Kindheit in ihre Familie. Dabei den eigenen Stil zu finden, ist wichtig. Nur der *eigene* Schlüssel schließt uns das Reich der Stille auf.

Winter austreiben

Masken dunkel, Masken hell.
Viel Konfetti, laut Geschell.

Vom Lauten und Leisen

Noch erhellt der Schnee die langen, dunklen Nächte. Am Tag ist der Himmel oft verhangen. Wo bleibt das Licht? Die Sehnsucht nach Helligkeit wird stärker, der Drang nach draußen immer größer. Die Gemütlichkeit in der warmen Stube weicht dem Kribbeln des beginnenden Frühlings.

Aber der Winter gibt sich so schnell nicht geschlagen. Nach wärmeren, helleren Tagen fegen wieder Schneeschauer über die Dächer, und Eis knirscht unter den Schritten. Den Winter auszutreiben, den Frühling herbeizubeschwören, ist eine Ursprungsidee des Faschings.

Stille, Ruhe ist jetzt mit Dunkelheit verknüpft, mit Enge, mit Kälte, mit allem, wovon wir genug haben. Wir möchten mit dem Fasching das Bunte, Laute, Fröhliche, Leichte, Ausgelassene, Freie wieder in die Welt bringen. In der Adventszeit war uns die Stille willkommen, nun singen wir heitere Lieder.

Im bunten Faschingstreiben spüren wir unsere Lebendigkeit wieder, im ausgelassenen Stampfen, Tanzen, Rufen und Singen. Mit den manchmal recht grimmigen Masken erschrecken wir den Winter und seine Gehilfen und machen uns selbst Mut. Nach langer Einkehr und Stille zeigen wir nun wieder diese andere Seite in uns. Gerade hinter der Maske und mit anderen zusammen fällt das besonders leicht. Das Fremde, Andersartige, Wilde: In dieser besonderen Narrenzeit ist es uns erlaubt. Wenn wir, behutsam eingeführt, gerade das spielen, was uns sonst Angst macht, dann besiegen wir es, dann macht es uns stark.

Nach Fasching kommt der Aschermittwoch, nach dem Jubel der Katzenjammer. Die Masken werden abgelegt. Das Laute hat alles vereinnahmt. Das liegt in seiner Natur, genauso wie es nicht endlos anhalten kann. Sonst würden wir überdreht, gerieten wie außer uns und erschöpften uns ganz. Unsere stillen Seiten melden sich zurück, auch der Wunsch, mal wieder allein zu sein.

Thema dieses ersten Kapitels ist der Gegensatz zwischen dem Lauten und dem Leisen. Wenn wir darauf aufmerksam machen, fördern wir in den Kindern ein Bewusstsein, was für sie selbst in der jeweiligen Situation passt. So lernen sie, auf ihre eigenen Bedürfnisse zu hören und zugleich, wie sie diese Bedürfnisse in die jeweilige Situation einbringen können.

Beginnen wir mit einem Fragespiel zu den beiden Gesichtern der Stille und des Lauten. Was ist gut an der Ruhe? Was ist schlecht daran? Wann gefällt euch, wenn es still ist? Wann gefällt euch nicht, wenn es ruhig ist? Die Antworten der Kinder sammeln wir, auch einige eigene. Wenn die Kinder lesen können, schreiben wir sie auf Kärtchen oder – gegenübergestellt – auf eine Schiefertafel. Was ist gut am Lauten? Was ist schlecht daran? Wann gefällt euch, wenn es laut ist? Wann gefällt euch nicht, wenn es laut ist? Auch das wird gesammelt. Wir fassen unser Ergebnis zusammen: Beides ist mal hell gefärbt und mal dunkel. Damit es uns gut geht, wollen wir das Helle, das Gute daran unterstützen und das Dunkle, Schlechte meiden.

Dann beginnen wir mit den Vorbereitungen für unser Spiel zum Winteraustreiben. Wir basteln Masken, das passt gut zum Fasching. Wir haben ein Maskenspiel skizziert. Sie können es übernehmen und nach eigenen Gegebenheiten umgestalten. Zum Schluss tanzen wir den Winteraustreibtanz zu der passenden Musik auf der CD. Es können auch ein paar Verse dazu gesprochen werden.

Masken basteln

Die Faschingsmasken werden auch für die anderen Anregungen eingesetzt. Dunkle Masken symbolisieren den Winter als Zeit der langen Nächte, helle stehen für den Frühling.

Material

für einfache Maske: Filz oder Tonpapier (dunkelblau und hellgrün)

für Pappmaschee-Maske: Luftballons, Papierschnitzel, Kleister, Pinsel

Zusätzlich: weißes Papier, Tonpapier (hellblau und gelb), Pflaumfedern, Gummi, Schere, Handschuhe, Schals, evtl. Wasserfarbe

Einfache Maske: Ovale, die die Augen bedecken, werden ausgeschnitten. Gummi an beiden Seiten befestigen.

Pappmaschee-Maske: Für Masken, die das ganze Gesicht bedecken, eignet sich Pappmaschee-Technik: Papierschnitzel werden mit Kleister auf pralle Luftballons aufgebracht. Getrocknet schneiden wir sie dann zurecht.

Die Masken werden jetzt in der gewünschten dunklen oder hellen Stimmung für das Mitmachspiel bemalt: dunkle Wintermasken, unterteilt in Schneefall und Frost, helle Frühlingsmasken, unterteilt in Sonne und Spatzen. Die Rollen sollten jetzt schon verteilt werden.

Die dunklen Masken werden tiefblau, die hellen hellgrün. Die Spatzenkinder aus der Geschichte kleben Federn auf die

Maske, die Sonnenkinder ausgeschnittene Sonnenstrahlen. An der Maske der Frostkinder hängen Eiszapfen, sie tragen Handschuhe und Schals. Die Schneekinder schneiden Schneeflocken aus weißem Papier und bekleben ihre Maske damit.

Streit zwischen Winter und Frühling

Mitmachgeschichte und Maskenspiel

Die Kinder spielen zu der vorgelesenen oder frei erzählten Geschichte. Dazu setzen sie sich in zwei Reihen gegenüber. Die eine Reihe stellt den Winter dar, die andere den kommenden Frühling. Wir verteilen Rollen jeweils an eines oder an mehrere Kinder und erklären, was für Gesten oder Laute der Rolle zugeordnet sind. Die Leitung wird die entsprechenden Stichwörter für den Einsatz betonen und zusätzlich mit dem Kopf nicken. Wenn ein Tamburin erklingt oder eine Ratsche sich dreht, ist die Aktion beendet. Das wird mit allen Kindern und Gruppen erst „trocken" geübt.

Die Geschichte kann sich an unserer Vorlage unten orientieren. Wichtig ist, auf ausreichende Pausen für die Kinder zu achten. Die Stichworte für Gesten oder Laute sind *kursiv* gedruckt. Darunter stehen – ebenfalls kursiv – *Regieanweisungen* für die Kinder. Zusätzlich werden Masken oder farblich abgestimmte Chiffontücher eingesetzt.

Die Wintergruppe spielt *Schneefall* und *Frost*, die Frühlingsgruppe *Sonne* und *Spatzen*. Die Gesamtreihen kommen zu Wort bei *„huuuh!, uuuh"* (Winter) und *„aaah!"* (Frühling). Immer wenn das Stichwort fällt und die Erzählerin dabei den entsprechenden Kindern zunickt, stehen diese auf und werden aktiv. Erklingen Tamburin oder Ratsche, setzen sie sich wieder. Ältere Kinder können selbst das Tamburin schlagen.

Die Geschichte

Lang ist der Winter schon im Land. Seen und Bäche sind zugefroren, Schnee liegt. Auch viele Wege sind vereist und zu Rutschbahnen geworden. In manchen Gärten baumelt ein Ring mit Sonnenblumenkernen am Baum, für die Vögel. Alles ist weiß und still. Hier und da führt eine einsame Spur durch den Schnee.

Aber was ist das? Gerade schien es noch, als würde der Winter immer so bleiben, als würde er nie enden – da lugen die ersten Schneeglöckchen hervor! Woher sie gekommen sind, weiß niemand. Oder weiß es die *Sonne?* ...

Kinder der Sonnengruppe öffnen die Arme weit, eventuell mit gelben und orangenen Chiffontüchern

Erst unmerklich, aber dann scheint sie jeden Tag doch etwas länger und wärmer. Die Handschuhe werden immer häufiger vergessen, der Schal wird locker umgeschlungen und die Mütze verschwindet in der Jackentasche.

Aber der Winter gibt sich so schnell nicht geschlagen. Der grimmige Kerl schickt neue Schneewolken in den Streit mit dem Frühling. Schnell ziehen sie über das Land, und es beginnt *Schnee zu fallen* ...

Die Schneegruppe spielt mit den Fingern tanzende Schneeflocken, bewegt die Arme dabei langsam von oben nach unten. Auch blaue und weiße Chiffontücher können zum Einsatz kommen. Statt die Finger tanzen zu lassen, schütteln die Hände dann Chiffontücher. Die Arme bewegen sich langsam nach unten.

Wie eine Decke hüllt der Schnee noch einmal alles ein. Aus einem Schneeball rollen die Kinder dicke Kugeln und setzen sie aufeinander. Eine lustige rote Karottennase und zwei schwarze Knöpfe – fertig ist das Gesicht. Der Freund des Schneemanns heißt Frost ...

Die Kinder der Frostgruppe umfassen sich selber, schütteln sich vor Kälte, manche reiben sich die Hände oder hauchen sie an

Er ist der andere Verbündete des Winters.

Aber wer gibt nicht auf? Die *Sonne* ...

Sonnengruppe wie oben

Sie schickt ihre tausend Sonnenstrahlen auf die verschneite Erde in den Streit mit dem Winter. Tauwasser tropft. Schon hängt die Nase des Schneemanns schief. In der Hecke zwitschern die *Spatzen* ...

Die Spatzenkinder piepsen oder pfeifen oder flattern mit den Armen

Sie pfeifen den Frühling herbei.

In der Nacht kehrt wieder der Winter zurück. Wenn Tiere und Menschen schlafen, fegt ein eisiger Wind durch die Straßen, dann ächzen die Bäume unter dem Schneesturm, *huuuh!, uuuh* ...

Kinder mit dunklen Masken geben entsprechende Laute von sich, blasen und heulen

Morgens sind die Hecken und Dächer weiß gepudert. Autoscheiben müssen freigekratzt werden.

Tagsüber tauen Schnee und Eis im warmen Sonnenlicht. Eiszapfen tropfen. Neben den Schneeglöckchen sind nun auch lila und gelbe Krokusse erschienen, *aaah! …*

Kinder mit hellen Masken breiten die Hände und Arme aus wie sich öffnende Blumen.

Der goldene Winterjasmin rankt blühend an Zäunen und an Mauern. Roller und Fahrräder werden aus den Kellern geholt.

Schneematsch spritzt von Autoreifen hoch. Flocken wirbeln. – Bunt liegt Konfetti auf dem Gehweg! Schellen scheppern, Glöckchen bimmeln. Zu Mittag gibt es Fastnachtskrapfen! Alle versammeln sich zum Festzug. Sie ziehen durch Tag und durch Nacht, durch den Winter und hinein in den beginnenden Frühling. Da sind der tanzende *Schneefall*, der bibbernde *Frost*, die schon wärmende *Sonne*, die fröhlich pfeifenden *Spatzen*.

Auf ihr Stichwort erhebt sich die jeweilige Gruppe und beginnt mit ihrer Aktion. Die Kinder können sich erst frei durch den Raum bewegen. Ein bisschen Chaos macht gar nichts. Aber dann finden sie sich mit Einsatz des Tamburins und entsprechenden Anweisungen der Erzählerin zum Festzug. Eine bunte Schlange zieht durch den Raum, die Kinder zeigen ihre Gesten und lassen ihre Laute ertönen. Im Rahmen eines Faschingnachmittags können sie so auch durch den ganzen Kindergarten und die Umgebung ziehen. Wenn anschließend getanzt werden soll, wird der Umzug kürzer ausfallen. Ist kein Tanz geplant, können die Kinder sich hier so richtig austoben. Dann finden sie sich im Kreis, beenden das Spiel oder stellen sich bereit für den Tanz.

Winteraustreib-Tanz

Der Tanz (Stück 2 auf der CD) hat vier Teile. Große und Kleine können mitmachen, er ist auch mit sehr vielen Kindern umzusetzen. Zuerst werden die vier Teile mit ihren charakteristischen Bewegungen erklärt. Während des Tanzes gibt es die folgenden Anleitungen:

(1) Der kalte Winter: Eng in der Mitte.
Wir stehen erst ganz eng gedrängt in der Mitte, mit dem Gesicht nach außen. Die Mitte ist unser Haus, das von Schnee und Eis, von Wind und Kälte belagert wird. Wir wippen auf und ab, um uns warm zu halten. (16 Basstöne)

(2) Winteraustreiben: Stampfen und rufen.
Wir hören die ersten Schneeglöckchen bimmeln (*Vibrafon* und *Windspiel* auf der CD) und wissen: Der Frühling kommt! Da stampfen wir auf und rufen laut, den Winter zu vertreiben. Zuerst halten wir uns dabei vielleicht noch an den Händen, gehen in Wellen ein, zwei Schritte vor und wieder zurück. (16 Basstöne)

(3) Freude: Wild und frei tanzen.
Dann ist die Macht des Winters gebrochen (eine *Fantasieflöte* spielt die Frühlingsmelodie, Trommeln beginnen), wir lassen uns los und tanzen einzeln.

(4) Frühlingsreigen: An den Händen im Kreis.
Die *Flöten* setzen ein: Wir fassen uns an den Händen und tanzen im Reigen, nun außen im Kreis um die Mitte herum, mit dem Gesicht nach innen. Je nach Alter der Kinder können wir dazu einfach fröhlich im Kreis gehen oder besondere Tanzschritte wählen. (Bis zum Schluss)

So treiben wir den Winter aus!

Reime zum Tanz

Zum Tanz können wir alle zusammen auch einige Reime rhythmisch sprechen oder singen. Die ersten beiden Takte der Musik lassen wir durchlaufen, um uns einzustimmen. Dann wird der erste Zweizeiler rhythmisch dreimal gesprochen (3 x 8 Basstöne). Für den zweiten und dritten haben wir vier Sprechdurchgänge (je 4 x 8 Basstöne). Den vierten Zweizeiler sprechen wir bis zum Ende des Stücks. (10 x 8 Basstöne)

Wir beginnen jede Strophe erst leise und werden mit jeder Wiederholung immer lauter. Die nächste Zweierzeile beginnt dann wieder leise, um sich entsprechend zu steigern.

Das kann vor dem Tanz erst einmal ohne Bewegung geübt werden, nur mit der Musik und dem Sprechen. Die Kinder können zusätzlich auch Instrumente spielen, etwa Klanghölzer oder Tamburin. So ist der Sprechgesang selbst ein schöner Beitrag zum Winteraustreiben.

1. Im engen Haus, so dicht an dicht,
der Winter zeigt uns sein Gesicht.

2. Wir stampfen fest in unsrem Haus,
so treiben wir den Winter aus!

3. Mit Hexensprung und Narretei:
Nun sind die Wege wieder frei.

4. Nun Fuß an Fuß und Hand in Hand,
im Frühling tanzen wir durchs Land.

Ostern

Osterhase, Osterei:
Sag, was sind denn das für zwei?

Leben wächst aus der Stille

Ostern ist das Fest der Erneuerung und Aufstehung. Vorchristlich liegt ein germanisches Frühlingsfest zu Grunde. Vielleicht war es dem Gott Thor gewidmet, dem Bezwinger der Eisriesen, oder Ostera, wie vermutlich eine Göttin der Morgenröte, des Lebens und der Fruchtbarkeit hieß. Aus dem alten Fest der Auferstehung der Natur bei den Germanen wurde das Fest der Auferstehung Christi. Ostern ist die Siegesfeier des Lebens über den Tod. Die Feier des Festes bezieht sich auf die Tag-Nacht-Gleiche (20. oder 21. März), wenn mit dem Licht der Sieg über die Nacht und den Tod offensichtlich wird. Es wird am ersten Sonntag nach dem ersten Vollmond des Frühlings gefeiert.

Auf das *Licht* beziehen sich Bräuche wie das Osterfeuer oder das Schlagen von Feuerrädern, auch die Osterkerze.

Was aber ist mit dem Osterei? Und dem Hasen, der es angeblich legt?

Das *Ei* ist ein uraltes Symbol für das Leben. Schon im frühen Christentum stand es für die Auferstehung, für ein Leben, das sich selbst nach dem irdischen Tod noch fortsetzt. Bei Ephräm, einem Kirchenlehrer des 4. Jahrhunderts, heißt es: „Gleich einem Ei springt das Grab auf." (Vossen, S. 43) Eier wurden auch schon in vorchristlichen Zeiten bemalt. Rot spielte dabei eine wichtige Rolle, als Farbe des Blutes, des Lebenssafts, später speziell des Blutes Christi.

Der *Hase* galt immer schon als ein Sinnbild der Fruchtbarkeit und Zeugungskraft. Auch hier also ein Bezug auf das Leben und seine Erneuerung. Dass gerade der Hase die Ostereier legen soll, ist verhältnismäßig neu. Als „Osterhase" taucht er erst im 17. Jahrhundert auf, am Oberrhein, im Elsaß und in der Pfalz. Anderswo sollte das Ei vom Hahn, vom Storch oder vom Fuchs stammen. Wer Recht hat? Wir wissen es nicht – aber vielleicht die Kinder.

Und was hat Ostern mit Stille zu tun? Wir fragen staunend das Ei. Das Kükenlied (Seite 28) gibt uns eine Antwort. Dort, hinter der harten Schale, in der Stille, vollzieht sich die Wandlung, aus seiner Geborgenheit hüpft das Küken hinein in die Welt.

Im Brauchtum schöpften junge

Mädchen aus strömenden Gewässern das Osterwasser, schweigend. Schweigend auch trugen sie es nach Hause – sonst sollte es seine Kraft verlieren. Wo Mensch, Tier, Haus und Flur im Laufe des Jahres damit benetzt oder besprengt wurden, sollte es segensreiche Wirkung entfalten, sollte es gut sein für Gesundheit und Schönheit, als Mittel gegen Ungeziefer, förderlich für Obstbäume und Vieh. Das schweigend geschöpfte Osterwasser symbolisiert so wie das Osterei Leben und Fruchtbarkeit. Stille und Schweigen sind Grundbedingungen für die Kraft alles Lebens.

Wir haben einiges rund ums Osterei zusammengestellt:

Stille-Eier: Zuerst färben wir dazu die Eier. In dieses Färben bringen wir unser Thema hinein, indem wir fragen, was für eine Farbe die Stille denn hat. Und dann bemalen wir die Eier mit der Farbe der Stille.

Die *Fantasiereise* „Das Nest" können wir hören, während die Eier trocknen.

Und dann kommt der *Eierlauf* selbst, wo sich zur Stille Bewegung und Konzentration gesellen.

Zum anschließenden *Eiertanz*, in dem wir das steigende Licht, das aufspringende Leben und unsere Freude zum Ausdruck bringen, können wir auch das *Kükenlied* singen.

An beliebiger Stelle passt das *Fingerspiel* „Hasennest" und die *Vorlesegeschichte* „Lauf, Hase, lauf!".

Stille-Eier

Stillemoment

Wir sitzen zusammen im Kreis. Ein Kind erhält ein rohes Ei, umfasst es vorsichtig, hört und spürt in ihm die Stille. Dann wandert das Ei weiter ans Nachbarkind. Wenn es sehr viele Kinder sind, geben wir mehrere Eier gleichzeitig aus.

Im Gesprächskreis tauschen wir uns dann mit den Kindern aus, was für eine Farbe denn für jeden von uns eine besonders „stille" Farbe ist. Denn mit solchen Farben wollen wir Eier färben. Es braucht nämlich Stille, damit etwas wachsen kann. So ist es mit allem, was wächst: Die Haselnuss wächst hinter der harten Schale, wo es ganz still ist. In Vogeleiern wachsen Vogelküken, hinter den Schalen verborgen, wo es ganz still ist. Das Gras für das Osternest sprießt aus der Erde. Der Samen für das Gras aber keimt dort ganz in der Stille verborgen.

Vielleicht finden die Kinder jedes für sich eine Farbe (das können ganz verschiedene sein, alles ist richtig), vielleicht bieten wir welche zum Aussuchen an. Erst aber kochen wir die Eier. Dann geht es ans Färben, mit den Farben der Stille.

Schon haben wir genug Eier für unseren Eierlauf. Die müssen aber erst trocknen und abkühlen. Bis sie getrocknet sind, können wir eine Fantasiereise durchführen. Wir setzen oder legen uns gemütlich hin, vielleicht schließen wir noch die Augen, und jemand erzählt eine Geschichte.

Das Nest

Fantasiereise

Das Vogelnest ruht in einer Astgabel des Apfelbaums. Fünf gesprenkelte Eier liegen darin. Mal brütet der Spatzenvater, mal die Spatzenmutter.

Tag für Tag zieht die Sonne ihren Bogen über dem Nest. In der Nacht scheinen der Mond und die Sterne, und die Vögel schlummern im warmen Nest über den Eiern.

Tabea hat das Nest als erste entdeckt, als sie schaute, wo der Spatz denn im Apfelbaum landet. Und gleich hat sie es Tim, ihrem Bruder gezeigt. „Pst“, sagt sie, damit er den brütenden Vogel nicht erschreckt. Lang stehen sie noch unter dem Apfelbaum und beobachten das Treiben.

Am nächsten Tag sind sie wieder da und versuchen zu erkennen, ob die Spatzen noch brüten.

Dann kommt der Vater mit ihnen. Er trägt eine Leiter. Schon lehnt sie am Ast und die Neugierigen können die Eier im Nest aus der Nähe betrachten. „Aber nicht anfassen!“, warnt der Vater. „Sonst kommen die Vögel nicht mehr zum Brüten zurück. Vogeleier sind wie Geheimnisse. Geheimnisse aber darf man nicht anfassen und zeigen, sonst sind es keine Geheimnisse mehr, und die Vogeleier müssen vielleicht sogar verderben.“

Tabea denkt an ihre eigenen kleinen Geheimnisse und nickt. Auch Tim nickt, aber das sieht sie nicht. So betrachten sie einfach die hübschen Eier im Nest und steigen dann vorsichtig Sprosse für Sprosse die Leiter hinab.

Ein paar Tage später wird es laut im Apfelbaum. Die Jungen sind geschlüpft. Tim und Tabea rufen aufgeregt den Vater herbei. Die Spatzeneltern flitzen hin und flitzen her. Dauernd kommen sie herangeflogen, stopfen etwas zu fressen in einen weit aufgesperrten Schnabel und schwirren wieder davon, auf der Suche nach mehr. Der Vater sagt: „Jetzt dürfen wir die Vögel nicht stören.“ Und so beobachten sie einfach ein Weilchen das bunte Treiben von unten.

Da entdeckt Tim neben einem Gänseblümchen eine aufgeplatzte, leere Eierschale. Zuerst ist er traurig über das kaputte Ei. Er zeigt die Eierschale Tabea. Die aber lächelt und sagt: „Daraus sind die kleinen Schreihälse geschlüpft. Jetzt ist es laut, aber als sie noch in der Schale verborgen waren, war kein Piepser zu hören, da war es ganz still im Nest.“

Auch die Henne gackert, wenn sie das Ei gelegt hat. Das Ei aber ist ganz still.

Eierlauf

Spiel

Um unsere „stillen Eier“ gibt es nun Trubel. Beim Eierlauf werden Geschicklichkeit und Schnelligkeit gefordert. Besonders wichtig aber ist Ruhe und Konzentration in der Bewegung.
Material: gleich viele gekochte Eier pro Gruppe, je 1 Esslöffel, je 1 Nest und 1 Zielkorb, Start und Ziellinie
Anzahl der Kinder: mind. 8 für zwei Staffeln, 2 Spielleitungen

Die Kinder werden in zwei (oder mehr) Gruppen aufgeteilt. Jede Gruppe erhält einen Suppenlöffel und ein Nest mit gleich vielen Eiern. Ausgangs- und Ziellinie werden markiert. Am schönsten ist das Spiel natürlich auf einer Wiese.

Die Kinder stehen innerhalb ihrer Gruppe hintereinander am Start. Das erste Kind bekommt den Löffel. Die Spielleitung hält die Eier in einem Nest bereit und legt sie auf den Löffel. Auf ein Zeichen geht es los.
Die Läufer versuchen, das Ei möglichst schnell zur Ziellinie zu bringen, aber ohne dass es herunterfällt. An der Ziellinie wird das Ei vorsichtig in einen Korb gelegt. Die Läufer rennen nun so schnell wie möglich zurück, geben ihre Löffel ans nächste Kind in der Schlange und stellen sich hinten an. So geht es, bis alle Eier im Korb an der Ziellinie gelandet sind. Für jedes Kind sollte es also mindestens ein Ei geben, wenn es mehr Eier sind, laufen die Kinder mehrmals.
Verliert ein Kind ein Ei, darf es das nicht selbst aufheben. Dann tritt der „Sanitäter“ (jeweils das vorderste Kind in der Schlange) in Aktion. Er rennt zur Unfallstelle und legt das Ei wieder auf den Löffel. Erst dann darf das Läufer-Kind weiter rennen, der Sanitäter kehrt zur Startposition zurück.
Am Schluss hat die Gruppe gewonnen, die als erste alle ihre Eier in den Korb gebracht hat. Diese Kinder werden zu Läuferkönigen gekürt. Dann wird aber noch ausgezählt, wie viele Eier angestoßen sind. Die Kinder in der Gruppe mit den meisten unversehrten Eiern werden Eierkönige. Hat eine Gruppe in beiden Kategorien gewonnen, sind die Kinder Eierläuferkönige.
Nach der Siegerehrung können wir die Eier verspeisen – oder wir nehmen die Körbe mit den Eiern und stellen sie in die Mitte für unseren Eiertanz. Die Tanzmitte darf dann am Schluss gegessen werden.

Eiertanz

Unsere Tanzmitte besteht aus Ostereiern – auch die beschädigten aus dem Eierlauf können ins Nest gelegt werden. Vielleicht sind einige Oster-Basteleien aus dem Kindergarten oder der Schule zu gebrauchen. Schön wäre eine Vase mit Zweigen, oder die Schälchen mit den Wurzeln, Zwiebelschalen oder Blüten, die wir zum Färben verwendet haben. Eine Osterkerze in der Mitte symbolisiert das steigende Licht und das neu auferstandene Leben. Wir können dazu auch Sonnenstrahlen malen, ausschneiden und um die Kerze legen.

Zum Tanz stellen wir uns um diese Mitte im Kreis. Unser Tanz umfasst drei Teile:

Zum Tanz stellen wir uns im Kreis, mit dem Gesicht zur Mitte. Unser Tanz (Kükenlied, Stück 7 auf der CD) umfasst vier Teile:

Nach einem Vorspiel (2 Takte, das sind 8 Basstöne) mit dem Beginn der Liedmelodie:

(1) Steigendes Licht: Die Hände gefasst gehen wir 4 Schritte nach innen (2 Takte), wir heben gemeinsam die Hände (2 Takte) und senken sie wieder (2 Takte), wir gehen wieder 4 Schritte rückwärts nach außen (2 Takte).

(2) Das Ei springt auf (zweite Liedstrophe beginnt): Am Außenkreis lassen wir uns los und formen jeder für sich mit beiden Händen ein Ei. Dann springt das Ei auf (beim ersten „pick“ öffnen wir die Hände) und das neue Leben erscheint. Bei den vier „Pick“ der dritten Strophenzeile können wir mit den Händen Pick- oder Stupfbewegungen machen oder das Ei noch mehrmals aufspringen lassen.

(3) Die Küken staken davon (dritte Liedstrophe beginnt): In der ersten Zeile schauen wir umher (Hände über die Augen legen), ab der zweiten gehen wir mit Staksschritten gemeinsam zur Mitte und wieder zurück.

(4) In der Sonne (vierte Liedstrophe beginnt): Wir schlingen zunächst die Arme um unseren Körper (es ist kalt) und stampfen mit den Füßen. Ab der zweiten Strophenzeile („Doch die Sonne wärmt schon bald“) stehen wir still, breiten die Arme weit aus, wiegen uns hin und her, öffnen uns dem Licht, zeigen uns den anderen.

Diese Folge wiederholt sich bis zum Ende des Stücks.

Kükenlied

Eierschale, drin ist's still,
weil die Kraft sich sammeln will.
Still, still, still, still ...

Neues Leben keimt im Ei.
Pick – die Schale ist entzwei.
Pick, pick, pick, pick ...

Küken, frech spickst du heraus,
und schon stakst du aus dem Haus.
Stak, stak, stak, stak ...

Gar nicht still mehr, piep und kalt,
doch die Sonne wärmt schon bald.
So, so, so, so ...

Hasennest

Fingerspiel

Eins, zwei, drei, vier – Hasennest,
4 Finger schnellen nacheinander aus einer lockeren Faust, dann die Hand zu einem Nest öffnen
hei, was ist das für ein Fest!
Wir klatschen auf „hei"
Fünf – so kleine Stoppelschwänzchen
5 Finger ausstrecken
schwoppeln da ihr Hoppeltänzchen.
Die 5 Finger tanzen lassen
Sechs und sieben – muscheln, tuscheln,
Eine Hand ist offen, die andere zählt noch den 6. und 7. Finger dazu. Diese beiden Finger reiben bei „muscheln, tuscheln" aneinander
Acht und neun – zur Mama, kuscheln.
Der 8. und 9. Finger wird abgezählt. Bei „zur Mama, kuscheln" krabbeln die Finger der linken Hand in der Nesthand
Wie viel sind dann dort zu sehn?
Aus beiden Händen ein gemeinsames Nest bilden
Zehn!
Alle 10 Finger vorzeigen

Lauf, Hase, lauf!

Ostergeschichte

„Dieses Jahr kommt er mir nicht durch die Tür", schimpft es laut aus einer Hütte im Zauberwald, „und die Fenster sind auch dicht verrammelt!"

„Kuckuck!", da schnellt der Kuckuck aus einer Uhr an der Wand und fragt keck: „Wen meinst du schon wieder?"

„Na, diesen Frühling!", mümmelt der Osterhase und zieht die Bettdecke höher. „Hörst du die Vögel draußen nicht singen? – Und das erinnert mich daran, daran, daran ..." Und der Osterhase schluchzt vor sich hin.

„Was hat er nur?", tuscheln die beiden Kuschelteddys einander zu.

Die Taschenlampe auf dem Regal blinkt auf und surrt: „Diese alte Leier ... Den ganzen Winter geht er mir beim Lesen schon damit auf die Nerven, was für tolle Sachen sie sich doch in der Menschenwelt wieder für die Kinder ausgedacht haben. Da gibt es Spielzeugautos, die von selber fahren, und piepsende Kästen, mit vielen Tasten für die blitzschnellsten Spiele, und Puppen, die sogar nach der Mama schreien, wenn sie Hunger haben, und ..."

„Und Eier, Eier", muffelt der Osterhase dazu. „Die sind sogar aus Schokolade, die kannst du schütteln, du kannst daran hören – und wenn du sie öffnest, kommen sogar noch Spielsachen heraus. – Was sollen die Kinder da noch mit meinen einfachen Eiern anfangen!"

„Hm“, surrt die Taschenlampe.
„Hm“, brummeln die Teddys.
„Hm“, murpft der Kuckuck und kratzt sich mit dem Flügel am Ohr.

„Seht ihr“, jammert der Osterhase noch lauter, „auch euch gefallen meine Eier nicht mehr!“

Das hört der Garderobenspiegel neben der Haustür. Da kann er sich nicht mehr halten, schwebt in die Stube und klickert: „Du hast schon lang nicht mehr in mich hineingeschaut, sonst wüsstest du, was du zu tun hast!“

Und der Spiegel zeigt Bilder aus der Menschenwelt, wie die Kinder mit ihren Eltern hinausziehen in die Gärten, auf die Wiesen, zum Waldrand. Überall im Gras und zwischen den Hecken suchen sie nach etwas, das sie zur Osterzeit jedes Jahr dort gefunden haben.

In der Hütte des Osterhasen drängeln sich alle neugierig vor den Zauberspiegel, sogar der Kuckuck hüpft herunter von seiner Uhr.

„Na so was?“, alle staunen hinein in den Spiegel. „Weshalb suchen sie bloß nach meinen langweiligen Eiern?“ Verwundert reibt sich der Osterhase die Augen.

„Vielleicht wollen sie einfach nur suchen und draußen sein, lachen, mit deinen Eiern ihre Spiele machen – schau nur, wie die Sonne heut strahlt!“, ruft der Kuckuck und flattert zur Fensterbank.

„Aber nirgends finden sie etwas“, klickert der Spiegel, „denn dieses Jahr liegst du faul im Bett!“

„Dann nichts wie raus aus den Federn!“, jubelt der Osterhase. Stoppeldipop, schon ist er in seine Werkstatt gehoppelt und schwingt den Pinsel. Und mit einem riesigen Korb voll Eiern schießt er wie der Blitz über die sieben Berge in die Menschenwelt. Und schon sehen die Teddys im Zauberspiegel, wie er geduckt durchs Gras huscht und seine Eier versteckt.

Kinder rufen – da haben sie das erste Nest entdeckt und greifen voll Freude nach den Eiern. Samira schaut staunend ihre Finger an.

„Die Farbe ist noch gar nicht getrocknet“, kichern die Teddys vor dem Zauberspiegel. Und in der Eile hat der Osterhase nur einen einzigen Farbtopf erwischt: Alle Eier sind rot.

Blütenschau

Knospen knospen – bis sie platzen.
Und dann staunen selbst die Spatzen.

Das Geheimnis der Blüte

In Japan hat die Betrachtung der Kirschblüte eine lange Tradition. Gerade diese Blüte gilt als Symbol für Formvollendung und Vergänglichkeit, sie ist damit ein Sinnbild des Lebens, seiner Schönheit und Flüchtigkeit. „Im April drängen sich in Eisenbahnwaggons und anderen Verkehrsmitteln junge und betagte, reiche und arme Menschen zusammen, um an einem bemerkenswerten Ort die Kirschblüte zu schauen." (...) „Picknickplätze unter Kirschbäumen werden Tage im Voraus okkupiert, Kirschblütenfeste werden geplant und minutiös vorbereitet (...)." (Aus: Fahr-Becker 2000, S. 43 u. 49)

Einen Ausflug in die Natur zu machen, um zusammen Blüten zu betrachten, das passt sehr gut zum Thema Stille. Die Natur bringt aus sich selbst all diese vergängliche Schönheit hervor, diesen vollendeten Blätterkranz, mit der Kraft von Erde und Licht. Unser Blüten-Spaziergang soll Staunen und Stillwerden ermöglichen vor diesem Wunder, das sich uns jedes Jahr aufs Neue für kurze Zeit zeigt.

Die Knospe birgt das Geheimnis in sich. Im Blühen öffnet sie sich dem Licht und zeigt sich den anderen. Bald werden da Früchte hängen.

Wir Menschen sind dafür nicht erforderlich, dieses Blühen geschieht aus sich selbst heraus. Wir Menschen können die Bedingungen dafür besser oder schlechter gestalten, wir können Zweige abknicken und in eine Vase stellen, wir können sie pflegen – aber letztlich geschieht das Blühen doch von allein.

Wir nehmen teil an einem wirklichen Wunder, am Fest der Blüten. Da ist nichts für uns Geplantes, es braucht auch nichts Organisiertes, da ist nichts Gemachtes, wie etwa ein Auto gemacht ist, ein Spielzeug, ein Stuhl, das einmal hergestellt wird und dann langsam kaputt geht. In der Natur, in der Blüte erleben wir das immerwährende Werden und Zerfallen aus sich selbst heraus.

Die Blüte entwickelt sich langsam, fast unmerklich, im Winter schon, wird größer, die Knospe springt in der wärmenden Sonne auf, die Blütenblätter verwehen im Frühlingswind – und im nächsten Frühjahr stehen wir staunend wieder unter dem blühenden Baum.

Auch in uns ist das so.

Unsere Tage blühen auf – und verwehen. Am nächsten Morgen ist alles ganz neu, mit anderen Erinnerungen, anderen Möglichkeiten und Zielen. Wir wachsen von selbst auf in einem Zuhause mit Eltern und Geschwistern, mit Freunden und leckerem Essen jeden Tag, und mit Spielsachen, Büchern ... Unsere Atemzüge, unsere Tage sind Verwehen und Neubeginn wie die Blüten, wie die Jahreszeiten. Nicht in einem absoluten, starren Zustand, sondern im Werden und Wieder-Vergehen liegt die Vollkommenheit. So zeigt sich die Natur auch in uns.

Blüten erinnern daran. Und sie sind schön. Wir betrachten sie voller Freude.

Diese Freude lassen wir in einer eigenen Blütenschau aufleuchten. Zur Vorbereitung können wir Bilder mit verschiedenen Bäumen betrachten, vom Blütenstand bis zu den Früchten. Wir können auch das Jahr über immer einen bestimmten Baum besuchen, unseren Baum, in seinen verschiedenen Stadien des Wachstums (siehe Seite 37).

Manche Kinder haben vielleicht die Gelegenheit von zu Hause geschnittene Blütenzweige mitzubringen. Wir schauen sie gemeinsam an und achten auf die Unterschiede. Von welchen Bäumen und Büschen stammen sie wohl? Wir stellen sie zusammen in eine Vase.

Vielleicht hören wir eine Fantasiereise oder eine Geschichte. „Die Störche kommen zurück“ verbindet ein Bewegungsspiel mit einer Fantasiereise in den Frühling hinein.

Frühlingslieder sind beliebt, wir suchen altbekannte heraus und lernen neue, in denen Blüten besungen werden. („Nun will der Lenz uns grüßen“, „Singt ein Vogel im Märzenwald“, „Komm, lieber Mai, und mache“, „Alles neu macht der Mai“, „Geh aus mein Herz und suche Freud“.)

Auf einem Blütenspaziergang suchen wir uns geschnittene Zweige und weitere Dinge für ein Mandala.

Unter einem schönen Blütenbaum machen wir ein Picknick. Vielleicht gehen oder tanzen wir zusammen im Kreis um den Baum und singen ein Lied.

Die Betrachtung der Blüten kann mit kleinen Aufgaben verbunden werden: Wo sind welche mit Bienen? Spürt ihr die Kraft und die Stille in den Blüten? Und wie sie einfach ganz offen sind, völlig unbekümmert, was kommt! Wie sie sich anfühlen, wenn wir die Blätter vorsichtig mit den Fingerspitzen betasten.

Wieder daheim können wir Blüten malen, nach der Erinnerung oder nach Vorlagen. Oder Blumen basteln, zum Beispiel aus Krepppapier. Oder aus verschiedenen mitgebrachten Dingen ein Mandala legen und es umtanzen.

Die Störche kommen zurück

Spiel mit Fantasiereise

Wir benötigen einen großen Raum. Die Kinder sollten bequem in der Raummitte liegen können (eventuell Liegematten). Ein Storchenkönig sollte vor Beginn bestimmt werden. Beim ersten Mal kann die Spielleitung dessen Aufgabe übernehmen. Zunächst bewegen wir uns im Kreis um die Matten, später erst legen wir uns hin und hören eine Geschichte.

„Störche sind wir, in Afrika. Stolz schreiten wir durch den Raum und klappern mit den langen Schnäbeln *(Unterarme am Ellenbogen aneinanderlegen, auf- und zuklappen)*." Langsam kommen die Störche nah zueinander – und werden ganz ruhig. Sie warten. Erst wenn es ganz still ist, gibt der Storchenkönig jedem einzeln einen Klaps, und der fliegt dann los, nach Europa, hinein in den Frühling. *(Wir drehen einige Runden mit Flugbewegungen. Sie können die Landschaft beschreiben, über die die Störche fliegen.)* „Und dann sind wir angekommen, in der alten Heimat. Wir suchen unsere Storchennester auf *(die Matten in der Mitte des Raumes)* und legen uns bequem hin. Müde sind wir geworden von unserem weiten Flug. Wir schließen die Augen. Wir träumen. Es ist der Traum von der Reise des jungen Storchs Balduin."

Die Spitze des langen Storchenzugs ist schon kaum mehr zu sehen, da erst fliegt der kleine Storch Balduin los. Über die Palmen steigt er empor, in den Himmel hinein. Bald schon liegt unter ihm das Blau des Meeres. Und Balduin steigt höher, er fliegt schon über den Wolken.

Die Störche fliegen mit langsamen, kräftigen Flügelschlägen. Die Ruhe im Schlag ihrer Schwingen, und die Kraft. Auf ihren Rücken die Sonne, unter ihnen die Weite und Stille des Meeres. Im Gleichklang fliegen die Störche dahin ...

Balduin hat etwas Anderes entdeckt, etwas Silbernes, sehr Großes, und er dreht ab, um es sich näher anzuschauen. Er müht sich und müht sich, aber das Silberding ist schneller als er. „Das ist ein Flugzeug, du Dummerchen", kichert eine Möwe und zieht einen Bogen um ihn.

Betäubt vom Motorenlärm schüttelt Balduin verwundert den Kopf. Ein Flugzeug? Was ist das? Er schaut sich nach den anderen um, aber nirgends kann er den Storchenzug mehr entdecken.

So fliegt er einfach der steigenden Sonne entgegen und hofft, dass es die richtige Richtung ist.

„Hast du vielleicht die Störche gesehen?", fragt er den Wind.

„Die sind schon lang durch mein Reich gezogen“, braust der, „die holst du nicht mehr ein.“

Doch der kleine Storch Balduin weiß: Er ist auf der richtigen Spur!

Weit geht es hin, über die Wogen des Meeres und ihre weißen Schaumkronen.

„Hast du vielleicht den Zug der Störche gesehen?“, fragt er eine Felsnase an der Küste.

„Weit über mich sind sie weggezogen, ihr Flügelrauschen ist lange verklungen“, antwortet der Felsen, und der kleine Storch Balduin fasst wieder neuen Mut.

Fische springen aus dem Meer und tauchen wieder in die kühlen Fluten. Am Horizont dämmert ein neues Land. Balduin schlägt seine Schwingen ganz ruhig und gleichmäßig. Auch sein Herz ist ganz ruhig, denn er weiß, er wird die anderen finden.

Über dem Ufer steht ein Turm. Balduin fliegt einmal um seine Spitze herum. „Sind hier vielleicht die Störche vorbeigekommen?“, fragt er.

„Kann schon sein, kann schon sein“, brummt der alte Leuchtturm „mir war da, als hätte ich einen rauschenden Pfeil vorbeizischen sehen. Aber war das nicht schon zur Mondzeit?“

Immer weiter fliegt der kleine Storch Balduin. Immer deutlicher erkennt er die Form der Berge, den Lauf der Flüsse, Gerüche, Klänge, das Blöken der Schafe, den Schlag der Kirchglocken – und überall Blüten. Der kleine Storch strahlt. Und endlich weiß er, hier ist er zu Hause.

Ein Storchennest, ein Storch legt den Kopf in den Nacken und klappert, und Balduin erkennt einen seiner Freunde von der anderen Seite des Meeres. Und dort am Sumpf: Störche staksen – recken ihre langen Hälse und begrüßen den Neuankömmling.

Balduin aber sucht sich einen eigenen Horst, hoch auf dem Kirchturm. Hier zupft er ein Hälmchen zurecht, dort etwas Reisig – dann lässt er sich nieder, müde und schwer. Den Kopf verbirgt er weich im Gefieder.

Langsam wird er ganz ruhig. Wenn du tief in dich hineinspürst, vielleicht spürst du die Ruhe. Die Ruhe breitet sich überall aus. – Die Flügel sind müde und schwer. Fühlst du die Schwere in dir? Alles ist müde und schwer. – Die Wärme strömt durch seinen ganzen Körper. Leicht und sanft birgt sein Gefieder die Wärme. Fühlst du die Wärme auch in dir? Alles ist warm, schön warm. – Sein Atem geht mit dem Wind, ein und aus, ein und aus, ganz ruhig und gleichmäßig, ganz von allein. – Alles ist ruhig, schwer und warm – ruhig, schwer und warm. – So liegen wir noch ein Weilchen und ruhen uns aus. Wir ruhen uns aus und lassen die neue Kraft tief in uns wachsen.

(Schließen Sie eine Rücknahme der Entspannung an, etwa:) Und nach der Reise kommt nun auch unsere Geschichte zum Ende. Wer mag, der reckt und streckt sich ein bisschen und öffnet die Augen.

Frühlingslied

1. Nun ist der Frühling wieder groß.
Was ist für uns das Schönste bloß?
Was ist das Schönste, Schönste?

2. Mit Gummistiefeln aus dem Haus,
wir lassen keine Pfütze aus,
Das ist das Schönste, Schönste!

3. Wir waten durch den kalten Bach.
Das Fröschlein quakt – und hüpft uns nach.
Das ist das Schönste, Schönste!

4. Im Löwenzahn am Wiesenrain,
da ist der schönste Sonnenschein.
Das ist das Schönste, Schönste!

5. Wir knatschen durch den tiefsten Matsch.
Wenn einer hinfällt, macht es „platsch".
Das ist das Schönste, Schönste!

6. Die Blume öffnet sich ganz still,
weil sie die Bienen locken will.
Das ist das Schönste, Schönste!

7. Komm, Steine schnellen, dort am Teich!
Wer sieben Sprünge schafft, wird reich!
Das ist das Schönste, Schönste!

8. Vom Finger fliegt er in die Welt:
Marienkäfer braucht kein Geld.
Das ist das Schönste, Schönste!

9. Mal ist es laut, mal ist es leis,
der Mai bekommt den ersten Preis!
Das ist das Schönste, Schönste

Blütenmandala

Einfach Zweige zu brechen – auch wenn sie sowieso geschnitten werden müssen und im Herbst so mancher Ast unter der Früchtelast nachgibt –, das widerstrebt uns. Aber hier und da liegen welche am Wegrand, vom Bäume- und Büscheschneiden, da nehmen wir einige mit. Und noch anderes, was wir finden, und legen daheim daraus ein Mandala.

In die Mitte kommt die Vase mit unseren Blütenzweigen. Drum herum legen wir das andere Mitgebrachte: Leere Schneckenhäuser, Steine, vielleicht leere Coladosen, trockene Blätter vom letzten Herbst, vielleicht schon junge Blätter, Frühlingsblumen, Federn – was immer sich auf dem Weg finden ließ.

Wir betrachten das entstandene Mandala, diese große Blüte aus unterschiedlichen Dingen. Wir sagen vielleicht ein paar Worte über die Dinge und wie sie gelegt wurden. Dann können wir einen Frühlingstanz um das Mandala tanzen oder es gemeinsam aufheben: Die Blütenvase erhält einen schönen Platz im Raum, vielleicht auch die Federn, der Rest wird wieder in die Natur gebracht. Auf einem Tablett gelegt, können wir das Mandala dann als Ganzes wegräumen und uns die nächsten Tage noch daran freuen, vielleicht auf unserem Frühstückstisch oder wieder als Mitte für unseren Tanz.

Sommer in der Natur

Wanderschritte, Wanderlieder.
Birnenbaum, wir kommen wieder!

Das Kleid des Sommers entdecken

Der Sommer ist die hohe Zeit des Jahres. Die Sonne erreicht ihren höchsten Stand. Die Tage dauern am längsten zur Sommersonnenwende am 21. Juni. Die heißen Monate aber kommen erst noch.

Wenn nicht gerade ein Gewitter über uns hinzieht, verlockt uns der Sommer, uns möglichst viel im Freien aufzuhalten, im Garten, in der offenen Natur. Das Licht und die Wärme ziehen uns an. Wir planen einen Wandertag.

Der Frühling ist bunt und laut, im Sommer werden die Farben einheitlicher, blasser, überall wird es wieder leiser, das Wachsen ist wie in diesem Kleid aus Wärme und Licht geborgen – vor der lauten und farbenfrohen Ernte im Herbst. Überall sehen wir das Kleid des Sommers, das flirrende Blätterdach

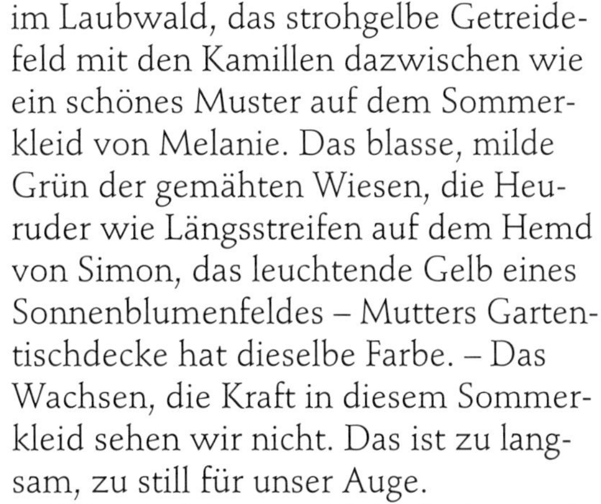

im Laubwald, das strohgelbe Getreidefeld mit den Kamillen dazwischen wie ein schönes Muster auf dem Sommerkleid von Melanie. Das blasse, milde Grün der gemähten Wiesen, die Heuruder wie Längsstreifen auf dem Hemd von Simon, das leuchtende Gelb eines Sonnenblumenfeldes – Mutters Gartentischdecke hat dieselbe Farbe. – Das Wachsen, die Kraft in diesem Sommerkleid sehen wir nicht. Das ist zu langsam, zu still für unser Auge.

Wir machen uns auf die Suche nach diesem Kleid des Sommers und versuchen, überall die Kraft dieses Wachsens zu entdecken. Das Kleid des Sommers, das sind die Schätze aus dieser Kraft. Wir machen uns auf eine *Schatzsuche*.

Was suchen wir genau? Dinge, die Kraft in sich haben. Jeder, der etwas entdeckt hat, darf es mitnehmen. Die Erwachsenen können unterwegs auch fragen: „Da, diese Weizenähren: Sollen wir ein paar mitnehmen? Steckt da Kraft drin oder nicht?“ Ein Erwachsener sollte immer dabei sein – sonst haben wir am Ende das halbe Getreidefeld im Rucksack und einen schimpfenden Bauern auf unseren Fersen. Steine, Schneckenhäuser, Baumrinde, Lindenblüten, Gräser, Blumen, Zweige, Ahornflieger, die ersten vom Baum gefallenen Äpfel, alles ist denkbar, in allem können wir Kraft spüren.

Irgendwann sind nicht nur unsere Taschen, sondern auch die Glieder schwer, es zieht uns zu einem Rastplatz. Unsere letzte Suche gilt deshalb einem Baum – er birgt besonders viel Kraft in sich:. Welcher Baum könnte das sein? Ein ganz junger, der noch am meisten Kraft zum Wachsen entwickelt? Oder der große, alte, der diese Kraft schon ganz entfaltet und sichtbar gemacht hat?

Wir Erwachsenen verbinden mit der Suche noch zwei andere Gedanken: Unter dem Baum oder in der Nähe sollte es sich gut rasten lassen. Und welcher Baum ist besonders dazu geeignet, uns auf weiteren Spaziergängen zu anderen Jahreszeiten als Ziel zu dienen?

Ein markanter, einzeln stehender Obstbaum wäre sehr gut geeignet, die Veränderungen mit den Jahreszeiten mitzuerleben. Wir können dann nach dem Spaziergang Bilder von „unserem" Baum malen und ihn so nach und nach in den verschiedenen Jahreszeiten abbilden und die Bilder nebeneinander aufhängen. Wenn wir den Baum ein ganzes Jahr lang begleiten: Was lässt sich da alles anfangen! Wir können mit einem Maientanz seine Blüten begrüßen, im Sommer in seinem Schatten ruhen, im Herbst einige seiner Früchte genießen und mit den bunten Blättern Bilder gestalten, im Winter unter ihm einen Schneemann bauen.

Ein Nadelbaum dagegen eignet sich besonders gut für spätere Besuche in der Winterzeit. Vielleicht wird er unser Weihnachtsbaum im Winterwald.

Erst vespern wir. – Aber zwischen unseren Broten und Getränken sind ja noch all die gesammelten Dinge. Wir breiten sie aus und fragen uns gegenseitig, was denn das alles ist und was es wohl mit Kraft zu tun hat. Wir fassen es an, betasten es, geben es weiter. Und endlich legen wir ein Mandala daraus, vielleicht um den Baumstamm als Mitte (wenn der nicht gar zu breit ist und unsere Sachen ausreichen).

Haben wir unsere Schätze nun um den Baum ausgebreitet, bildet die Mitte der Stamm, in dem der Saft und die Kraft nach oben fließt. Wir können uns an den Händen fassen, wohl wissend, dass noch mehr Kraft in den Händen steckt als die, mit der wir uns jetzt einen Händedruck geben. Das ist unsere Kraft, die wir nicht sehen, nur spüren.

Auf unserem Heimweg können wir Blumensträuße pflücken – und etwas Gras mitnehmen, das wir dann an einem sonnigen trockenen Platz auslegen und die nächsten Tage beobachten, wie es zu duftendem Heu wird. Und wir merken uns prägnante Dinge am Wegrand: eine Bank, einen Wurzelstock, den abgeknickten Wipfel, das Mausloch, einen großen Stein, das Vogelnest ... Denn wenn wir unseren Baum immer wieder besuchen möchten, müssen wir ihn ja auch finden! Im Winter, wenn vielleicht Schnee liegt, sind manche Wegweiser zugedeckt, deshalb können auch Bilder, die wir zu Hause malen, Fotos und ein *Spurenplan* weiterhelfen. Auf naturfremde Markierungen verzichten wir lieber. Aber wenn wir schon bald wieder hin möchten, können wir Markierungen aus Sägmehl streuen (das bekommen wir beim Schreiner). Zu Hause malen wir Bilder vom Baum und erstellen den Wegeplan. Wie müssen wir nächstes Mal gehen? Was kommt wo? Woran orientieren wir uns?

Eine Schatzsuche nach Dingen mit Kraft auf dem Hinweg – die Suche nach *unserem* Baum und die Rast – die Wegmarker auf dem Heimweg – zu Hause dann Malen und den Spurenplan erstellen: allerhand für einen Sommerspaziergang. Wir können damit leicht mehrere Ausflüge füllen. Denn die Kinder brauchen auch einfach Zeit zum Herumstreunen, Quatschen, freien Spielen und Entdecken. Wir sollten genug Zeit dafür lassen. Die folgenden Anregungen können sowohl unterwegs, unter dem Baum, als auch zu Hause umgesetzt werden.

Wir wandern in das Licht hinaus

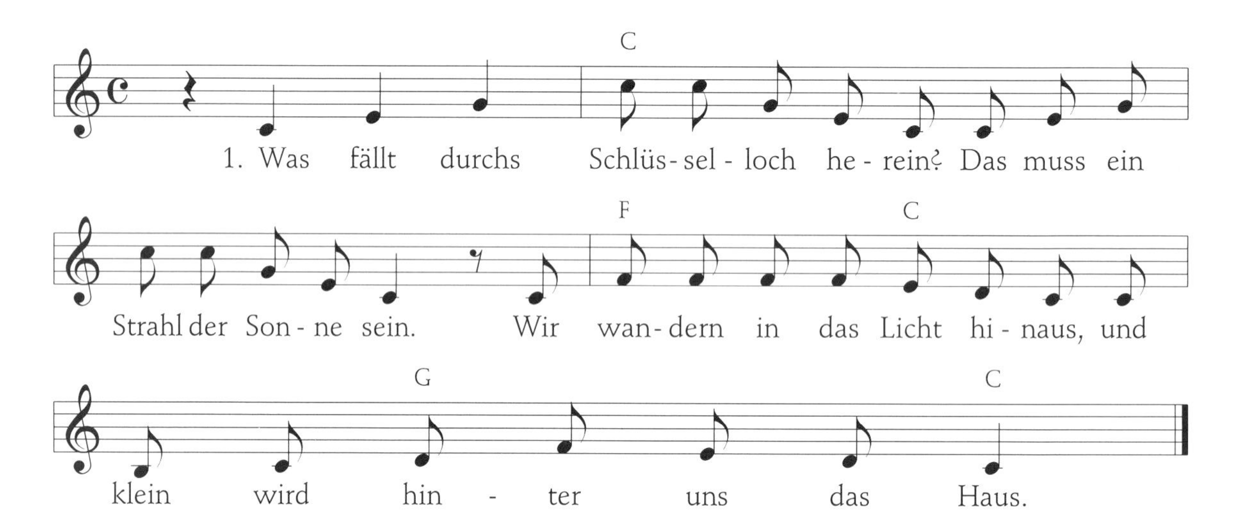

1. Was fällt durchs Schlüsselloch herein?
Das muss ein Strahl der Sonne sein.
Wir wandern in das Licht hinaus,
und klein wird hinter uns das Haus.

2. Was fällt durchs Schlüsselloch herein?
Das muss ein Strahl der Sonne sein.
Wir wandern in das Blumenmeer
und zaubern alle Farben her.

3. Was fällt durchs Schlüsselloch herein?
Das muss ein Strahl der Sonne sein.
Wer pfeift denn da vom Himmelsblau?
Ist das dem Bussard seine Frau?

4. Was fällt durchs Schlüsselloch herein?
Das muss ein Strahl der Sonne sein.
Wer summt denn da im grünen Klee
und sammelt Honig für den Tee?

5. Was fällt durchs Schlüsselloch herein?
Das muss ein Strahl der Sonne sein.
Wir wandern durch das helle Licht,
doch unsre Namen kennt es nicht.

Spaziergang erinnern

Memorygeschichte

Vielleicht am nächsten Tag steht eine Memorygeschichte auf dem Programm (siehe Seite 9): Wir setzen uns zusammen und erinnern uns an den Spaziergang zu unserem Baum und was wir dabei alles erlebt haben. In einer großen Gruppe müssen wir einzelne Kinder fragen, damit die Antworten nicht zu chaotisch durcheinander kommen.

„Gestern haben wir doch einen Spaziergang zu unserem Baum unternommen. Weißt du noch, Katrin, was wir da unterwegs gesammelt haben?" – „Ja, ich hab einen angenagten Maiskolben gefunden." – „ Und du, Arne?" „Ich hab den Maikolben auch gesehen, aber ich hab mir einen großen Stein ausgesucht, in dem steckt doch viel mehr Kraft drin." – „Für dich stimmt das. Doch jeder von uns hat etwas eigenes für seine Kraft gefunden, das war ganz toll." – „ Und dann der lange Weg in der Hitze." – „Wisst ihr noch, wie schön kühl und leise es dann im Wald war, als wir unseren Baum gesucht haben? Samira, was hast du zuerst gehört?" „Puh, ich dachte es wär eine Hexe, zum Glück haben wir den Specht entdeckt, der immer wieder an den Baumstamm geklopft hat." – „Ich mag den Baum", wirft Lena ein, „den besuche ich auch bald mit meinem Opa." – „Au ja, du wirst dann auch unser Kraftmandala wieder sehen. Thomas, was hast du denn um den Baum gelegt?" …

So sprechen wir noch einmal die wichtigen Punkte unseres Spaziergangs an. Und wir bekommen von den Kindern eine Rückmeldung, was für sie schön dabei war. Das können wir aufgreifen und die für unsere Thematik wichtigen Dinge zu Kraft, Stille und Wachstum vertiefen. Wir können dazu anschließend auch noch malen oder Symbole dafür hinstellen. „Für mich war der Zweig das mit der meisten Kraft und Stille", sagt die Erzieherin und legt ihn in die Mitte.

Beerenfest

Rot in Körben und in Taschen ...
Und noch eine Beere naschen ...

Miteinander sammeln und essen

Der Tiger im Käfig läuft auf und ab. Ein Wärter kommt, das Tier knurrt ihn an, fletscht die Zähne. Der Wärter wirft ihm etwas zum Fressen hin. Wenig später liegt der Tiger ruhig auf dem Boden und leckt sich das Maul.

Hunger ist eher mit Unruhe und Aggression verbunden, Sättigung mit Ruhe und Ausgeglichenheit. Miteinander an einem Tisch sitzen und essen, das Essen teilen, gilt in vielen Kulturen als Angebot und Bestärkung der Zusammengehörigkeit und des Friedens. Unser *Beerenfest* greift dies auf.

Warum gerade Beeren? Alle Kinder kennen sie. Sie sind süß und wohlschmeckend. Und der Friede ist süß.

Wir gestalten ein Beerenfest. Am schönsten ist es natürlich, wenn wir die Früchte selber gesammelt oder im Garten gepflückt haben. Feiern wir im Kindergarten oder in der Schule, bekommt jedes Kind die Aufgabe, von daheim Früchte mitzubringen. Auch ein gemeinsamer Einkauf auf dem Wochenmarkt oder beim Obstbauern bietet sich an.

Der Höhepunkt ist die Zubereitung und das gemeinsame Essen eines Obstsalats. Die Lieblingsfrüchte jedes Einzelnen kommen – gewaschen, ausgelesen und wo nötig kleingeschnitten – in eine große Schüssel. Sie steht in der Tischmitte. Als Dekoration legen wir noch ein paar schöne Beerenblätter um die Schale herum und einzelne Früchte, die wir dazu ausgelesen haben. Die können wir dann auch herumgehen lassen, um ihren Duft zu erkunden, bevor wir sie essen. In der Schüssel sehen wir sie kaum, neben den Blättern nehmen wir die einzelne Beere viel besser wahr.

Zur weiteren Gestaltung des Festessens finden sich anschließend einige Vorschläge: Beerenrätsel, die Herstellung eines Duftmandalas und ein Beerenfinger-Kanon. Sicher haben Sie noch viel mehr Ideen.

Nach dem Essen sind wir vielleicht etwas müde und schwer, aber zufrieden. Wir können nun, mit der inneren Ruhe und Ausgeglichenheit, zusammen eine Fantasiereise hören, beispielsweise vom Holunder an der Neubausiedlung. Am besten, wir legen uns dazu hin und schließen die Augen. Wir schöpfen aus der Ruhe neue Energie. Beim Erzählen bleibt viel Raum zwischen den Bildern der Geschichte. In ihr geht es um Stille und Wachsen.

Acht Beerenrätsel

Sie hängt am dünnen Stiel,
am Waldweg gibt es viel.
Sie hat ganz rote Bäckchen,
und grüne Spitzen hat ihr Jäckchen.

Erdbeere, Walderdbeere

Sie gibt es tief im Wald.
Sind reif sie, wird's bald kalt.
Erst schwarz sind süß sie. Doch herrje:
Die Ranken pieksen, die tun weh!

Brombeeren

Ein Hütchen, süß und perlenrot.
Ist es noch grün, dann: Essverbot!
Im Waldeslicht, oft dicht an dicht.
Der kleine Rankenstachel sticht.

Himbeeren

Der Strauch im Wald reicht kaum ans Knie,
bückst du dich nicht, kriegst du sie nie!
Die Beeren sind ganz blau und glatt,
im Kuchen machen sie dich satt.

Heidelbeeren

Gelb, grün und haarig, murmelgroß,
du erntest sie im Garten bloß.
Schon reif? Probier, dann wirst du schlauer,
denn unreif sind sie schrecklich sauer.

Stachelbeeren

Sie können schwarz sein, weiß auch, rot.
Als Marmelade süß aufs Brot.
Sonst sauer. Jeder Busch trägt viel.
Man streift sie mit der Hand vom Stiel.

Johannisbeeren

Er ist Frau Holles Lieblingsbaum,
weiß Blütenduft wie Badeschaum.
Die schwarzen Beeren haben Kraft:
Man trinkt sie gern als Hustensaft.

Holunderbeeren

Im späten Herbst ist Erntezeit,
da hält der Winzer sich bereit,
am steilen Hang im Sonnenschein.
Aus ihren Beeren macht man Wein.

Weintrauben

Duftmandala

Mit Stillemoment

Zur Beerenzeit im Wald. Wir sammeln Dinge nach ihrem Duft, der ganz unterschiedlich intensiv sein kann. Beeren, Pilze, Erde, Moos, vielleicht Holzstücke, Tannennadeln, Rindenstücke, verschiedene Blumen …

Zu Hause lassen wir die Dinge im Sinne einer Stilleübung herumgehen, riechen daran und ordnen sie zu einem Duftmandala. In die Mitte kommt alles, was stark duftet. Je weiter nach außen wir kommen, umso schwächer soll der Geruch werden. Ein rundes Tablett ist unsere Legefläche. In der Mitte des Tabletts steht ein flacher Teller. Auf den kommen die stark duftenden Dinge. Um den Teller herum ordnen wir die anderen an.

Jeder Gegenstand, jede Frucht wandert erst einmal im Kreis herum. Alle riechen daran und entscheiden dann gemeinsam: Mitte oder außen. Die Aufgabe, den Gegenstand konkret zu legen, geht reihum immer an den Nächsten weiter. Wie auch immer gelegt wird, ist es richtig. Wenn einmal Protest von den anderen kommt: Unser Geruchsinn ist eben verschieden. Am Schluss betrachten wir das entstandene Mandala und nehmen die sich entfaltende Duftkomposition in uns auf.

Mit dem Tablett können wir das Mandala transportieren. So kann es noch ein paar Tage liegen bleiben – wenn nicht die Beeren schon vorher verschwinden.

Beerenfinger-Kanon

Beerenlied, zu dem getanzt wird

1. Junikäfer, roter Mohn,
2. rote Finger hab ich schon.
3. Rote Ziegel, rote Roller,
4. rote Beeren sind noch toller!

Der Kanon kann gesungen werden. Es lässt sich aber auch gut dazu tanzen. Vor allem im Garten ist das interessant – denn wir brauchen keinen CD-Spieler, wir singen unsere Tanzmusik selbst! Das erfordert aber Konzentration, die Schritte sind deshalb sehr einfach gehalten. Wenn der Kanon sicher beherrscht wird, kann es klappen. Ansonsten singen wir das Lied nicht als Kanon, sondern einstimmig immer wieder von vorn.

Gassenaufstellung: In zwei Reihen gegenüber aufstellen, etwa acht Kinderschritte zwischen den Gruppen. Die zweite Gruppe setzt ein, wenn die erste Gruppe den 3. Vers anstimmt. Schrittfolge und Gesten:

1. Vers: Die erste Gruppe geht mit vier Schritten Richtung andere Gruppe.

2. Vers: Sie steht und zeigt die (roten) Finger vor.

3. Vers: Sie geht wieder vier Schritte rückwärts (Geübte können die Hände umeinander kreisen lassen, wie Rollerräder).

4. Vers: Sie steht und reibt sich mit den Händen den Bauch.

Der Holunder an der Neubausiedlung

Fantasiereise vom Wachsen und Bauen

Planierraupen und Bagger rollen heran. Grau-schwarze Abgasschwaden steigen auf. Die Vogellieder werden vom Lärm übertönt. Bald läuft zähflüssiger Teer über geschlossene Gräben und über das Schotterbett. In der Neubausiedlung entstehen die ersten Straßen.

Am Waldrand vermischt sich der Teergeruch mit dem Blütenduft eines Holunderstrauchs. Im Sonnenlicht haben sich die Blüten geöffnet, ganz von allein. Sie stehen dicht an dicht, bilden weiße Dolden. Bienen summen, sammeln emsig den Nektar. Golden vom Blütenstaub fliegen sie weiter, hinweg über die Neubausiedlung. Im alten Garten warten die Heckenrosen.

Bald werden Gruben für die Häuser ausgehoben, später Mauern hochgezogen. Gehämmert wird und geklopft. Ein Kran bringt Steine bis in den dritten Stock.

Durch die Röhren des Holunderbuschs strömen die Nährstoffe lautlos von den Wurzeln bis hoch in die Blätter und die weißen Blütendolden. Unter dem dichten Geäst raschelt eine Maus.

Dem Dachdecker rutscht ein Ziegel aus der Hand und zerschellt auf dem Boden. Aber der nächste Ziegel ist schon bereit. Bald schließt sich rot das Dach über den noch leeren Zimmern.

Blütenblätter verwehen im Wind. Holunderbeeren reifen. Das Weiß der Dolden hat sich verändert zum Grün, gleicht wieder der Farbe der Blätter.

Bald rollt ein Möbelwagen heran. Schränke, Roller und eine Kinderwiege werden ausgeladen. Emsiges Treiben und Stimmengewirr dringt noch spät durch offene Fenster in die mondhelle Sommernacht.

Die Beeren verfärben sich langsam schwarz. Nun sind sie reif. Ein Rotkehlchen fliegt heran und pickt. Eine junge Frau aus der Siedlung geht mit ihren Kindern zum Waldrand und sammelt Holunderbeeren. „Rohe Beeren sind für uns giftig", erklärt sie den Kindern. „Aber gekocht geben sie ein gutes Gelee. Und einen Hustensaft für den Winter."

Die Nächte sind lang geworden und kalt. Schwarzer Rauch steigt aus dem Kamin. Zum Abendessen gibt es für jeden ein Glas Holundersaft. Auf den kahlen Holunderbusch am Waldrand ist Schnee gefallen. Tief im Holz schlummert seine Kraft, bis ihn im nächsten Frühjahr die Sonne wieder weckt.

Erntedank

Ähren bringen wir nach Haus.
Zwischen Stoppeln springt die Maus.

Ein Erntefest

In der Kirche werden zu Erntedank gern die Früchte der Region dargebracht – Getreideähren, Trauben, Äpfel, Zwetschgen, Kürbisse und andere Gemüse, auch die Blumen vom Feld und aus dem Garten. Wir betrachten die Ernte und empfinden den Reichtum der Erde, ihre Vielfalt, Lebendigkeit. Wir verdeutlichen und verstärken so unsere Verbindung zur Natur, zu den Grundlagen unseres Lebens, zu der allen Dingen innewohnenden Kraft.

Gerade Kinder in städtischen Gebieten haben oft wenig Bezug dazu, woher denn eigentlich die Frühstücksbrötchen, die Butter und die Marmelade kommen. Durch einen eigenen „Erntedank" kommen wir mit den Dingen in Berührung. Die wirklichen Früchte anschauen, befühlen, riechen, vielleicht auch schmecken, ist jeder abstrakten Wissensvermittlung aus Bilderbuch oder Erzählung überlegen.

Im Erntedank betrachten wir die Früchte des Jahres, beachten sie vielleicht überhaupt erstmals bewusst, oder jedenfalls doch anders als beim Vorüberfahren am Feld, anders auch als beim Verzehren. Nur was wir kennen, achten wir. Damit wir die Früchte schätzen lernen, stellen wir sie uns gegenüber, im Erntedank. Im Alltag, beim Frühstück, geht alles zu schnell. Jetzt wir lassen uns bewusst Zeit.

Wenn wir die Früchte anschließend essen, schmecken sie intensiver. Und wir wissen mehr über unser Eingebettet-Sein in der Welt, und damit auch über uns selbst. Gerade für Kinder ist das eine wichtige Erfahrung, eine Erfahrung auch ihrer Zugehörigkeit. Die Natur wird ihnen lieb und bedeutsam.

Wir können im Kindergarten, in der Schule oder zu Hause gesammelte Früchte ausstellen, bei ihnen verweilen, über sie reden, wo sie zu finden sind, wie sie weiter verwendet werden, in welcher Form sie schließlich zu uns gelangen.

Wir können den Brauch des Erntedanks mit der Form des Mandalas verbinden. Dazu sammeln wir gemeinsam auf freiem Feld Früchte (auch Spreu, liegengebliebene Ähren und Getreidekörner) und legen zu Hause gemeinsam ein Mandala daraus. Auf einem Tablett gelegt, können wir es anschließend wegräumen oder an einem günstigen Platz zur Schau stellen. Wenn wir die größeren gesammelten Früchte im Kreis schweigend zum Betasten herumgehen lassen, erschließt sich uns aus dem Begreifen eines Stillemoments.

Sehr schöne Bilder können auch aus Saaten entstehen, den Samen und Kernen der Früchte. Wir können daraus auch ein Mandala säen, bevorzugt im Frühjahr: zusammen mit den Kindern in einem Beet im Garten oder auf einem Tablett (einer Kiste) im Haus. Zunächst eine Schicht Erde, dann werden die Samen der verschiedenen Blumen als Mandala gelegt. Dann weitere Erde. Das wird dann ausgestellt und in einer kleinen Zeremonie täglich besucht, begossen und auf Veränderungen betrachtet.

Spannend ist es auch, die Bestandteile einer Müslimischung näher zu betrachten und auf einem flachen Teller in Form zu legen, mit Leinsamen, Sesam, Nüssen, Getreideflocken, Kürbiskernen, Sonnenblumenkernen und den getrockneten Früchten.

Erntedank-Tanz

Wir pflücken Birnen von den Zweigen,
wir mähen Halme auf dem Feld,
wir graben nach Kartoffelknollen:
Das alles schenkt uns unsre Welt.
Und dann danken wir erst leis.
Und dann tanzen wir im Kreis.

Wir singen das Lied, machen dabei mit den Händen verschiedene Gesten wie „pflücken“, „mähen“, „graben“, „danken“.

Verwenden wir das Stück zum Tanz, benötigen wir mindestens vier Kinder, damit wir uns bei „und dann tanzen wir im Kreis“ an den Händen fassen und im Kreis um unsere Mitte tanzen können.

Das Stück lässt sich aber bereits zu zweit durchführen. Wir nehmen es dann einfach als Mitmachlied, singen also den Text und vollführen die Tanzgesten mit den Händen.

Wenn wir eine Tanzmitte gestalten, können dort Körbe oder Schalen mit gesammelten Früchten stehen. Und ein Krug mit Saft.

Begleitmusik ist Stück 16 auf der CD.

Erntedank im Hamsterbau

Geschichte

„Eins, zwei, drei – ich komme!" – Heidi Hamster sieht sich schnell um, wo sich denn ihre Geschwister versteckt haben könnten. – Ist da nicht eine Bewegung hinter der blauen Kornblume im Halmewald? Während sie noch überlegt, beginnt der ganze Boden zu beben. Heidis Herz macht einen Sprung – und sie hinterher, ins Hamsterloch. Bald ist die ganze Hamsterfamilie dort versammelt. Alle schmiegen sich dicht aneinander, dass sie ihre Herzen pochen hören. Keiner traut sich etwas zu sagen, nur Vater Heiner beginnt mit zittriger Stimme wieder mal eine seiner endlosen Geschichten von früher zu erzählen, mit denen er sie alle den ganzen Sommer lang gelangweilt hat. Jetzt aber hört die ganze Familie genau zu, und sie staunt nicht schlecht, was der Vater über die Mähdrescher und die fremde Menschenwelt zu erzählen weiß. Doch das Rattern und Dröhnen übertönt bald alles.

Erst abends trauen sie sich wieder hinauf. Der Halmewald ist verschwunden, Stoppeln so weit der Blick reicht. „Schafft zusammen, soviel ihr nur könnt – wir müssen die Vorratskammer ganz füllen!", quetscht Vater Hamster zwischen seinen vollen Backen heraus. „Der Winter ist lang. Und wer am meisten sammelt, der darf zuerst das blaue Tuch aus der Kammer holen, wenn wir uns abends Geschichten erzählen."

So suchen sie hastig zwischen den Stoppeln nach Körnern und abgebrochenen Ähren. Auch andere sind unterwegs: Mäuse, Spatzen, Krähen. Sie sammeln mit ihnen wie um die Wette. Heidi Hamster ist richtig froh, als die Nacht hereinbricht und sie sich mit den letzten dicken Backen voll Korn endlich in ihrer Höhle einfinden.

Keuchend lassen sie sich nieder. Körner liegen überall verstreut.

„Den Rest können die da oben haben – bloß noch Hülsen und Spreu", nuschelt Heiner Hamster. Er schmatzt, streicht sich über den dicken Wams und blickt zufrieden auf die Beute.

„So etwas Schönes wie das blaue Tuch vom letzten Jahr haben wir nicht mehr ergattert“, sagt Mutter Helga. „Aber schaut doch, ich hab einen Knopf gefunden!“, kichert die Jüngste und zeigt ihn vor.

„Was sind wir wieder reich“, jubelt Helga Hamster, nimmt ein paar Körner auf und lässt sie genüsslich durch ihre Hamsterpfoten rieseln. „Schaut nur, sind unsere Körner nicht wunderschön?“, meint sie dann. „Wie fest und gelb und rund und – einfach ein Traum! – Kaum zu glauben, dass die Menschen sie alle zu einem weißen Mehl zermahlen, wie Heiner immer erzählt“, sagt sie mit einem scheelen Seitenblick zu ihrem Mann.

Alle Hamster nehmen sich ein paar Körner. „Schau mal, wie weiß die innen sind, und probier, wie fein das schmeckt, wenn du nur lange genug kaust.“ – „Die werden ja ganz süß“, staunt Heidi. „Ob die Menschen überhaupt wissen, wie köstlich unsere Körner sind?“, fragt Helga Hamster kauend.

„Hauptsache, wir wissen es“, mampft Heiner Hamster.

Und dann darf Heidi das Tuch aus der Kammer holen. Sie kuschelt sich in die Farbe des Himmels, den sie bald lange nicht mehr sehen werden. Vater Hamster aber räuspert sich und beginnt, die erste seiner neuen Geschichten zu erzählen.

Kastanienkullern

Mitmachgeschichte

In unserem Spiel geht es um Wachstum, um Bewegung und Stille. Wir erleben den Blättertanz, das Fallen der Kastanien, ihr Ruhen, das Aufbrechen und Wachsen. Die Erzieherin erzählt und begleitet mit Händen, Fingern, Füßen und Zehen (*kursiv gesetzt*) den Text. Die Kinder machen es nach. Wir können das Spiel schon mit dem vorletzten Teil beenden: Dann sind wir mit den zusammengelegten Händen in der Stille. Oder wir spielen bis zum Schluss: Dann enden wir bewegt mit dem Blätterwind.

Statt Kastanien können Walnüsse, Äpfel, Birnen, Eicheln, Bucheckern die Hauptrolle spielen. Der Text muss dann etwas geändert werden.

Zweige und Blätter des Kastanienbaums wiegen sich im Wind.

Blättertanz: Die Arme wiegen hin und her, die Finger tanzen mit

Zwischen den Blättern hängen die stacheligen Kastanienkugeln. Hier und da plumpst eine zu Boden.

Die Füße patschen einige Male auf den Boden. Die Hände können dazu klatschen

Hier und da rollt eine ein Stück den Hang hinunter.

Die Hände drehen sich umeinander und entfernen sich vom Körper. Einige Male wiederholen

Hier findet eine Kastanie eine weiche Mulde und sinkt darin ein.

Die Füße streichen mit etwas Druck über den Boden, um die Mulde anzuzeigen.

Nun ruht die Kastanie lange in der Erde und schläft. Über ihr weht der Wind scharf durch die Bäume, schon treibt er Schneeflocken mit sich. Bald schmilzt der Schnee wieder, und die Sonne wärmt die Erde.

Die Handflächen streichen waagrecht, etwa kreisförmig, vor dem Körper, zeigen das Ruhen in der Erde an

Etwas regt sich in der Kastanie – und da bricht ein Spross aus ihr heraus.

Eine Hand formt eine lockere Faust – aus der der Zeigefinger plötzlich herausschnellt

Der Spross bricht aus der Erde ans Licht. Er wächst, wird größer, wird zu einem neuen Kastanienbaum. – Viele Jahre vergehen.

Die Hände sind aneinandergelegt. Sie gehen nach oben und öffnen sich, gehen weit auseinander, formen so eine Baumkrone. Vor „Viele Jahre vergehen": Die Hände gehen wieder zusammen, vor den Körper, bilden den Stamm

Und wieder streicht der Wind durch unseren Kastanienbaum. Die Zweige und Blätter wiegen sich fröhlich. Zwischen den Blättern hängen stachelige Kastanienkugeln.

Blättertanz: Die Arme wiegen hin und her, die Finger tanzen mit

Gespensterfest Halloween

Auf der Mauer – sind's Gespenster?
Und auch da, hinter dem Fenster!

Schrill und still

Sommers haben die Kinder von der Nacht, von der Dunkelheit kaum etwas mitbekommen, aber im Herbst werden die Tage rasch kürzer. Das Dunkle rückt in die wache Welt der Kinder hinein.

Dunkelheit ängstigt. Und schon der Nebel am Tage verändert klare Konturen in verschwommene, unheimliche Gestalten. Was die Fantasie nicht alles daraus zaubern kann!

Vielleicht erinnern wir uns selbst an einen Gang am Bach, als im Nebel der Weidenstock wie ein gespenstischer Menschenkopf erschien oder dass bei einem Nachtspaziergang geisterhafte Gestalten um uns her zu huschen schienen, bei jedem Windstoß durchs Geäst ...

Ein spielerisches Umgehen mit Angst, mit Bangigkeit, hilft über die Angst hinweg. Wenn wir selbst Geister machen, Kürbisse zu Fratzen aushöhlen und mit einer Kerze ausleuchten, dann wissen wir in allem eigenen Schrecken, dass unsere Angst keine Grundlage hat. Was wir selbst machen, mit unseren eigenen Händen, das kennen wir, da wissen wir: Das muss uns nicht ängstigen. Gespensterspiele helfen *gegen die Angst*, lassen uns selbst stark erscheinen. Vielleicht erklärt das die zunehmende Beliebtheit von *Halloween*.

Halloween wird am Abend des 31. Oktober gefeiert. Dies war der letzte Sommertag im alten keltischen Kalender. Dieser Tag war Samhain, dem keltischen Totengott gewidmet. Nach keltischem Glauben sollten an diesem Tag die Toten lebendig werden und sich unter die Lebenden mischen. Die Lebenden machten zu Hause alles sehr ungemütlich und kalt. Sie verkleideten sich, um die Toten zu schrecken, und zogen lärmend durch die Straßen.

Um diesen auch nach der Christianisierung noch lebendigen Brauch zurückzudrängen, legte ein Papst Allerheiligen, das Gedenken der christlichen Heiligen, auf den 1. November. Das alte Totenfest veränderte langsam seinen Charakter. Von den Toten verlagerte sich das Brauchtum mehr und mehr auf allerlei Zwischenwesen wie der Hexen und Gespenster. Die Verkleidungen blieben, und die lärmende Abwehr. Das Fest für *Samhain* wurde zu All Hallows Eve, dem Vorabend von Allerheiligen, abgekürzt *Halloween*.

Heute entsprechen die Verkleidungen dem, wovor die Kinder sich fürchten, was sie erschrecken möchten: Hexenkutten, Gespensterumhänge, Vampirmasken ... Denn wenn ich das spiele, was mir Angst macht, dann nehme ich dem Unheimlichen etwas von seiner Macht, mindere so meine Angst und stärke den eigenen Mut. Und denen, die nicht so sehr an Hexen und Gespenster glauben, macht es einfach Spaß! Solche Rollenspiele sind bei Kindern sehr beliebt, gerade wenn sie die eigene Angst kitzeln.

Der Brauch in Verkleidung mit leuchtenden Kürbissen oder Runkelrüben umherzuziehen und Gaben zu erbetteln, erinnert an zum Teil auch noch bei uns gepflegte Heischebräuche. Dabei ziehen Kinder – früher auch Erwachsene – von Haus zu Haus und wünschen gegen Naturalien oder Geld Glück und Segen. In katholischen Gegenden machen das die Sternsinger um den Dreikönigstag.

Auch die heute mit Halloween verbundenen, ausgehöhlten Runkelrüben mit der Kerze kommen in alten Berichten aus Lothringen schon vor, möglicherweise als Überreste eines Ahnenkults.

Wir haben für unser Halloween-Fest beide Seiten herausgearbeitet, die schrille und die stille:

Gespensterspiele und Angst: Wir stellen Rübengeister her und machen uns mit ihnen in Spiel und Pantomime vertraut.

Das *Gespensterlied* dient auch dazu und passt nicht nur zu Halloween.

In *„Die andere Seite von Halloween"* beschäftigen wir uns mit der Verbindung von Halloween zu einer stilleren Welt, in der auch Trauer und melancholische Gefühle Platz haben. Das Gespensterlicht der Runkelrüben zeigt eine andere Seite des Lebenslichts.

„Jemand ist traurig" greift Trauer in uns auf und bringt sie im Lied zum Ausdruck.

Gespensterspiele und Angst

Futterrüben oder Kürbisse höhlen wir zu Rübengeistern aus. Kerzen werden entzündet und hineingestellt. Wir betrachten die fertigen Rübengeister und machen ein Spiel. Ein Kind spricht:

„Wie du weißt, wie du weißt,
bin ich dieser Rübengeist.
Ich verzauber, hu, hu, hu,
dich (Name einsetzen) im Nu
– zu ..."

Und dann stellt das Kind pantomimisch dar, in was es jemanden verzaubern will: Vogel, Hexe, Schwein .... Auch die entsprechenden Tierlaute können helfen. So darf jedes Kind ein anderes verzaubern, immer mit dem Spruch vorneweg.

Bodyguards: Etwas Vorsicht ist bei jüngeren Kindern angebracht, noch ganz in der magischen Phase des Weltverständnisses könnten sie glauben, die Kürbisse würden wirklich lebendig, der verkleidete Kamerad würde wirklich zu einem Gespenst. Bei den jüngeren Altersgruppen im Kindergarten ist deshalb eine vorsichtige und einfühlsame Hinführung angebracht. Ein Spiel aus der Angst zu machen, ist so eines der besten Mittel gegen die Angst.

Sehr ängstliche Kinder brauchen behutsamen Rückhalt bei den größeren Kindern oder den Erwachsenen. Oft sind sie fasziniert von dem Treiben, brauchen aber noch Zeit und geschützten Raum, um selber aktiv zu werden. Sie stehen lieber abseits und schauen zu, oder spähen zwischen den Hosenbeinen eines Großen hervor.

Das ist gut, sie sollten zum Mitmachen eingeladen, aber nicht gedrängt werden. Wenn andere Kinder ihnen Angst machen (um zu zeigen, wie mutig sie selbst doch sind), dann können Spielregeln aufgestellt werden, die einen Abstand erzwingen, etwa: „Mark ist jetzt der Wächter der Nacht. Wer ihm mit dem Kürbis zu nahe kommt, der verliert sein Kürbislicht."

Das kann auch zu einem eigenen Spiel gemacht werden: Kinder, die nicht Geister sein wollen, spielen die Rolle des Leibwächters dieser ängstlichen Kinder. Jeder Geist, der ihnen zu nahe kommt, sie gar berührt, muss seinen Umhang beim Kinderbeschützer abgeben und wird selber zu einem Hilfs-Bodyguard. So verlieren die Geister langsam ihre Macht und verwandeln sich am Ende alle in Bodyguards.

So vorbereitet geht es hinaus in die Dunkelheit. Wie die Geister da leuchten! Wir können sie ums Haus platzieren oder einen Umzug veranstalten. Wenn es kalt genug ist, zaubern wir mit dem Atem – hu, ha, ho – Gespensterschleier.

Gespensterlied

1. Was summt da ums Laternenlicht?
Schmetterling, bist du es nicht?
Oder sind's Gespenster viele?
Und die kennen tausend Spiele.
Huh, huh, huh, hab nur Mut,
wenn du singst, ist alles gut.

2. Was hängt im Gartenzaun am Pfahl?
Ist's der lang verlorne Schal?
Oder ...

3. Was kichert an der Mauer da?
Ist es die Patricia?
Oder ...

4. Was blitzt im Buschwerk, macht miau?
Ist's dem Kater seine Frau?
Oder ...

5. Was schnarcht dort in dem Apfelbaum?
Ist's der Räuber aus dem Traum?
Oder ...

6. Was grunzt da hinterm großen Stein?
Ist's ein ausgebüchstes Schwein?
Oder ...

7. Was wabbelt unter meiner Mütze?
Ist's der Wurm aus seiner Pfütze?
Oder ...

8. Was blinkt am Himmel wunderbar?
Ist's die Sternenkinderschar?
Oder ...

9. Was knurrt so laut in meinem Bauch?
Ist's der Hund vom Nachbarn Mauch?
Oder ...

10. Was schnattert dort an einem Stück?
Ist's die Gans von Hans im Glück?
Oder ...

11. Was treibt dort übern weiten See?
Ist's die Wolke voller Schnee?
Oder ...

12. Was grollt am Himmel tief und schwer?
Zieht da ein Gewitter her?
Oder ...

Die andere Seite von Halloween

Die Wurzeln des Festes greifen in eine Welt voller Geheimnisse, Fantasien, Erinnerung, an die Heiligen (Allerheiligen) und an die Verstorbenen (Allerseelen, Samhain). Eine melancholische Stimmung bringen die immer kürzer werdenden, kühlen Regentage und der Nebel mit sich, und das schwindende Licht. Diese Stimmung und vielleicht die eigene Traurigkeit, womöglich auch Angst oder Sorge um jemand, wollen wir aufgreifen und versuchen sie miteinander nachzuempfinden.

Lebenskerze: Die besondere Atmosphäre, der sanfte Schimmer des Lichts ist uns vielleicht schon von einem Kerzen- oder Lichtertanz bekannt (siehe beispielsweise Seite 64). Bevor unsere Gefühle einen Ausdruck finden, sind sie leise, schlummern sie tief in uns. Um diese andere Seite von uns zu stärken, ihr einen eigenen Raum zu geben, nehmen wir die Lebenskerze oder ein kleines Teelicht, jedes Kind für sich, und sind einfach nur still.

Vielleicht ist dieses Stillsein im Kerzenschimmer einfach so in Ordnung. Vielleicht aber muss die Stille eingeführt und das Bedrückende auch benannt werden. Beispielsweise so: „Wir alle wissen, dass Marie krank ist und vorerst nicht mehr mit uns zusammen sein kann. Darüber sind wir sehr traurig. Wir zünden eine Kerze für Marie und für unser Traurigsein an, denken ganz fest an sie und dürfen ihr etwas wünschen." Und wir singen ein Lied: „Jemand ist traurig" (siehe Seite 59). Damit verabschieden wir uns wieder von den Gedanken an Marie und von unserer Traurigkeit.

Auch als Auftakt zu einem Halloweenfest kann die Lebenskerze dienen. Wir können um sie einen Lichtertanz ausführen, dann ein Gestenlied zum Licht singen (siehe beispielsweise Seite 77) – und danach entzünden wir die Lichter für unsere Runkelrüben oder Kürbisse an dieser Kerze. Aus dem großen, umfassenden Licht, das für das Leben steht – und für das Totengedenken –, entzünden wir auch diese kleinen Lichter des Lebens, die Lichter zu unserem Halloweenfest.

Zaubertuch: Für die „andere Seite" von Halloween rüsten wir uns mit einem Zaubertuch, das uns Mut machen kann und uns tröstet, wenn wir traurig sind. Aus einem Stoffsack – es gibt ihn mit den unterschiedlichsten Stoffmaterialien in einer Textilfirma – dürfen sich die Kinder ein Stück Stoff aussuchen, der dann zurechtgeschnitten oder zusammengeflickt wird, zu ihrem Zaubertuch. Wir tragen es wie ein Taschentuch in der Hosentasche, um den Hals oder im Ärmel und schwingen es gegen die Gespenster, verbergen unser Gesicht oder schmusen mit dem Zaubertuch, wenn wir traurig sind. Die frechen Fratzen verschwinden nach Halloween. Für unser Zaubertuch aber ist in der Hosentasche immer genug Platz zum Schmusen, Trösten, Abwischen der Tränen.

Jemand ist traurig

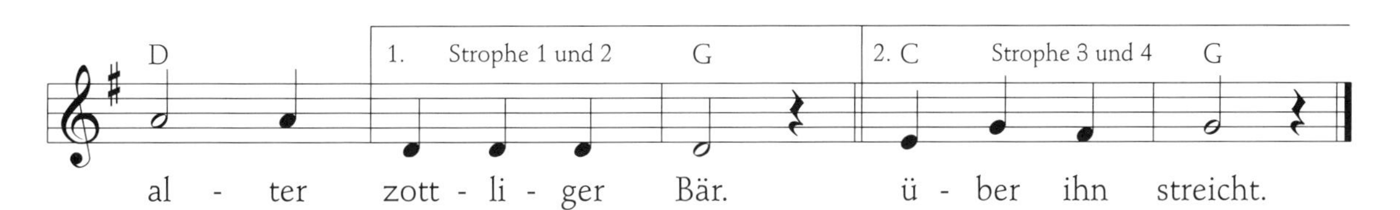

1. Jemand ist traurig und fühlt sich schwer,
schwer wie ein alter, zottliger Bär.

2. Jemand ist einsam und fühlt sich kalt,
kalt wie das Bächlein im Winterwald.

3. Jemand ist fröhlich und fühlt sich leicht,
leicht wie die Feder über ihn streicht.

4. Jemand hat Freunde und fühlt sich warm,
Freunde, die gehen Arm in Arm.

Advent

Wenn die Tage dunkel werden,
leuchten Sterne hier auf Erden.

Warten auf das neue Licht

Die Adventszeit ist eine Zeit der Erwartung und Vorbereitung. Das Licht schwindet immer mehr, bis zu seinem Tiefpunkt – der gleichzeitig seine Wende ist, ab dem es wieder zu steigen beginnt. In allen Kulturen galt die Wintersonnenwende als einer der wichtigsten Feiertage im Jahr. Was lag da näher, als das Fest der Geburt Jesu Christi, des „Lichts der Welt", an diesem Tage zu begehen? Im Jahre 354 setzte der römische Bischof Liberius das Geburtsfest Christi offiziell auf den 25. Dezember fest, dem ursprünglichen Tag des Festes zu Ehren der Geburt des Sonnengottes, der Wintersonnenwende nach dem alten julianischen Kalender. Erst viel später hat sich wegen Kalenderreformen der Tag der Wintersonnenwende auf den 21. Dezember verlagert. Das Fest von Christi Geburt blieb auf dem alten Termin und wurde so von der Wintersonnenwende getrennt.

Nikolaus (ursprünglich katholisch) und Weihnachtsmann (evangelisch) als Bringer guter Gaben – aber auch Moralprediger – faszinieren die Kinder. Was mag in dem Sack sein? Ob ihm meine Sünden wirklich alle bekannt sind? Und was ist mit der Rute?

Der Adventskalender stärkt die freudige Erwartung auf die Geburtsnacht des Lichtes und die Geburt Jesu Christi. Mit dem Adventskranz und seinen Kerzen begegnen wir der Angst vor dem Sieg von Dunkelheit und Tod – und nehmen mit der zunehmenden Anzahl von Kerzen das steigende Licht vorweg. Diese Wiedergeburt des Lichtes hat für alle Menschen große Bedeutung, gleichgültig welcher Religion sie angehören. Vielleicht erklärt sich dadurch die große Kraft des Weihnachtsfestes, auch wenn eine konsumorientierte Geschäftigkeit den ursprünglichen Sinn des Festes verdrängt.

Wir verlängern die kurzen Tage mit künstlichem Licht. Unsere Empfänglichkeit für Rückzug und Stille aber nimmt trotzdem zu. Auch wenn die Arbeitsanforderungen der meisten Menschen nicht mehr den natürlichen Wechsel der Jahreszeiten berücksichtigen können: Jeder spürt die Sehnsucht nach Rückzug, nach Wärme, Geborgenheit und Stille gerade in der Advents- und Weihnachtszeit besonders stark.

Und in dieser Stille die Sehnsucht nach neuem Grün, nach dem Frühling. Das Schneiden der *Barbarazweige* kündet davon. Ein anderer alter Brauch ist die Anlage einer Tellersaat, des *Adonisgärtleins*. Nach einer griechischen Sage war der schöne Königssohn Adonis in die Liebesgöttin Aphrodite verliebt. Als er auf der Jagd von einem Eber getötet wurde, ließ Aphrodite aus seinem Blut eine Blume erblühen. So erreichte sie bei Göttervater Zeus, dass Adonis nur die Hälfte des Jahres im Totenreich verbringen musste, die andere Hälfte aber mit seiner Geliebten zusammen sein durfte. Dieser Mythos könnte für die Winterzeit in der Natur stehen, für das Ruhen, das Totgeglaubte, und zugleich für die Hoffnung auf das Erblühen und Erwachen in der zweiten Jahreshälfte.

Barbarazweige und Adonisgärtlein

Am 4. Dezember werden Kirschen-, Haselnuss-, Birken- oder Forsythienzweige geschnitten. Zu Hause im Warmen, in einer Vase mit Wasser grünen oder blühen sie zur Weihnachtszeit. Dann erfüllen sich geheime Wünsche.

Anfang Dezember säen wir in einer Tonschale mit Wasser Saatkörner, beispielsweise Gerste. Bis Weihnachten sprießen sie. Die Schale können wir dann geschmückt, umwunden mit einem roten Band, auf den Gabentisch stellen.

Adventskalender zur Stille

Wer kennt nicht den Adventskalender? Dabei wurde er erst im 19. Jahrhundert bekannt. Die Spannung, die Vorfreude auf Weihnachten wird erhöht – durch das immer gleiche Ritual des Öffnens eines Türchens am Morgen aber in ruhige Bahnen gelenkt: jedes Mal eine Überraschung und im Ablauf alles wohltuend vertraut. Zum großen Geheimnis der Geburt wird mit den Türchen einfühlsam hingeführt.

Wir wollen hier einen besonderen Adventskalender vorstellen, den *Stillekalender*. Gilt Weihnachten nicht als das stille Fest, die Adventszeit als die stille Zeit des Jahres? Das gemeinsame Innehalten und Erleben der Stille soll durch unseren Kalender Raum und Struktur bekommen.

Wir gestalten einen Kalender – hinter den Türchen aber verstecken wir keine Süßigkeiten, sondern Gutscheine. Was für Gutscheine? Gutscheine für ein Spiel, einen meditativen Tanz, eine Fantasiereise, einen Stillemoment, die wir heute gemeinsam unternehmen. – Ein paar Süßigkeiten können auch eingepackt werden, aber auf dem Geschenkpapier steht dann in goldener Schrift unser Stillemoment. Können die Kinder nicht lesen, dann malen wir ein Symbol dafür. Und alle paar Tage kommt ein Wunschzettel: die Kinder wählen dann selbst.

Für den Kalender und die Verpackung der Gutscheine können wir all unsere Fantasie aufwenden. Vielleicht sind die Zettel in Nussschalen, in goldenen gar? Oder sie sind in kleinen Päckchen, in leeren Streichholzschächtelchen.

Etliche Spiele und Übungen aus diesem Buch können wir anbieten. Weitere finden sich im Literaturverzeichnis. Sammlungen von Stillemomenten, ruhigen Liedern, meditativen Tänzen und Fantasiereisen füllen jeweils eigene Bücher. Hier einige Anregungen:

- Baumsuche im Wald
- Winterspaziergang
- gemeinsames Weihnachtsbrötlebacken
- Stillesteine hören
- Adventsgeschichte hören (Seite 65)
- Lichtertanz (Seite 64)
- Weihnachtslied singen (Seite 67)
- Weihnachtsmarkt besuchen
- Gestenlied singen (Seite 74)

Wichtig: Fertigen Sie sich eine eigene Kalenderübersicht, zur Planung und zur Vorbereitung der jeweiligen Aktivitäten. Wenn der Kalender für eine ganze Kindergruppe gedacht ist, müssen wir vorher regeln, wer das jeweilige Tagestürchen öffnen darf. Vielleicht zählen wir einfach im Stuhlkreis reihum durch. Jedes Kind erhält dann seine goldene Adventszahl, die vorsichtshalber mitnotiert wird.

Adventskranz

Das Grün seiner Zweige, die Beständigkeit dieses Grüns selbst im Schnee, steht für die Hoffnung auf ein neues Grün im Frühling. Früher galt das Spitz der Nadeln als Abwehr gegen das Böse, gegen Dämonen, Krankheiten und Blitz. Über der Haustür oder an der Decke des Wohnraums hing in alten Zeiten deshalb Tannengrün. Wer keins hatte, der „kam auf keinen grünen Zweig", dem fehlte es an Schutz und Glück. Unser heute gewohnter Adventskranz mit den vier Kerzen verbreitete sich erst nach dem 1. Weltkrieg. Eine erste Beschreibung des Adventskranzes mit Lichtern stammt vom evangelischen Theologen Johann Hinrich Wichern, aber damals, Mitte des 19. Jahrhunderts, noch mit einer Kerze für jeden Tag, nicht nur für die Adventssonntage.

Wenn wir Spaß daran haben, binden wir unseren Kranz selbst. Dabei können die Kinder die kleinen Zweige vom großen Tannenast entfernen und zureichen. Wir können auch einen Adventskranz kaufen oder ein Gesteck aus Tannengrün herstellen.

Wichtig ist das Grün und das Entzünden der Kerzen, als Zeichen für die Hoffnung auch durch die dunkle Zeit hindurch, und für die bevorstehende Wiedergeburt des Lichts.

Das Grün ist immer da, für das Entzünden der Adventskerzen haben wir unten zwei Vorschläge ausgeführt, zunächst einen Spruch, dann ein Ritual zur Musik.

Kleine Flamme, großes Licht

Sprechtext zum Entzünden einer Kerze

Den Kerzendocht entzünden wir:
Ein Flämmlein brennt,
dann *zwei* – *drei* – *vier*.
Was dunkel war, das schwindet schnell,
die Augen strahlen – alles hell.

Besonders schön ist das Ritual, wenn der Raum nicht erleuchtet ist, sondern das matte Licht von draußen aufnimmt, oder am Morgen oder Abend. Wir sprechen zusammen den Spruch, und dann, nicht zu schnell, entzündet jemand die Kerzen. Wir bleiben noch ein wenig, empfinden das Licht und die Stille.

Lichterreigen

Material: Adventskranz mit 4 Kerzen, zusätzlich 1 lange Anzündkerze, 4 Teelichte, Streichhölzer, CD-Player
Anzahl der Kinder: mind. 4 und Spielleitung
Das Musikstück 32 von der CD wird aufgelegt. Die Kinder fassen sich an den Händen und gehen still im Kreis um den Adventskranz. Mit einer langen, brennenden Kerze in der Hand, an der gut angezündet werden kann, gehen Sie außen gegen die Tanzrichtung an den Kindern vorbei.

Beim ersten Signal auf der CD (Schlagwerk/Becken) halten alle Kinder inne. Sie geben dem Kind neben sich Ihre Anzündkerze in die Hand. Es löst sich aus dem Kreis, geht zur Mitte und zündet das erste Licht des Adventskranzes an. Dann geht es wieder in den Kreis und gibt Ihnen die Anzündkerze. Währenddessen bleiben alle ruhig stehen und schauen zur Mitte, zum entzündeten Licht. Erst wenn sich das Kind wieder in den Kreis eingereiht hat, dreht sich dieser weiter. Auch Sie schreiten weiter.

So geht es weiter am ersten Advent: Beim zweiten Signal geben Sie dem Kind, das neben Ihnen steht, ein Teelicht in die Hand. Sie entzünden es mit der Anzündkerze, das Kind trägt es nach innen und stellt es neben dem Adventskranz ab. Dann schließt es sich wieder dem Kreis an. So geht es noch zweimal, so dass am Ende des Lichterreigens ein Licht des Adventskranzes brennt und drei Teelichter um den Kranz stehen, welche für die drei noch bevorstehenden Adventssonntage leuchten. Am zweiten Advent entzünden wir zu den beiden ersten Signalen je eine Kranzkerze und zu den anderen beiden Signalen je ein Teelicht. Entsprechend die anderen Adventssonntage. Nach dem letzten entzündeten Adventslicht oder Teelicht stehen wir noch etwas, wiegen uns und schauen die Kerzen an.

Anschließend können wir eine Geschichte erzählen. Warum nicht die folgende vom Sternchen auf dem Weihnachtsmarkt? Wir setzen uns um die Lichter und lauschen.

Das goldene Licht

Adventsgeschichte

Jede Nacht blinzelten die Sterne mit ihren glühenden Äuglein vom Himmel herab auf die Erde. Wie es da unten doch flackerte, huschte und blitzte! „Da muss doch was los sein", dachte ein Sternenkind und gähnte. Es wollte die bunten Sterne der Erde so gern einmal aus der Nähe betrachten.

Aber der Mond hütete die Sterne wie der Hirte seine Schafe. Keines war ihm verborgen, er kannte sie alle und freute sich über jedes noch so winzige Sternenfünkchen. – Kinder, seht doch den strahlend stolzen Mond in der Nacht.

Das sehnsuchtsvolle Sternenkind aber wurde Nacht für Nacht müder und müder. Sein Licht war kaum mehr zu sehen. Das bemerkte der Mond, und er fragte das Sternlein: „Warum leuchtest du nur noch so schwach?"

Es antwortete: „Ich bin so müde, weil immer alles ganz gleich ist. Mir ist langweilig hier oben. Und bunt bin ich auch nicht, ich bin ja nur weiß. Da schaut mich doch von unten bald kein Mensch mehr an. Wie gerne wäre ich ein Licht auf der Erde, wie gerne wäre ich rot, oder grün oder gar blau wie das Meer!"

„Gut", sagte der Mond, „wenn deine Sehnsucht nach etwas Neuem und nach anderen Farben so groß ist, dann lasse ich dich ziehen. Aber versprich mir wiederzukommen und erzähle mir dann, was du da unten erlebt hast. – Warte aber noch ein wenig mit deiner Reise, denn bald endet das Menschenjahr, dann brennen besonders viele Lichter auf allen Plätzen und in fast jeder Stube. Und ein wenig später sprühen die buntesten Funkenregen zu uns herauf."

So lange wollte das Sternlein gerne noch warten. Und über dem frohen Erwarten verging die Zeit unversehens. Als dann eines Abends leises Glockengebimmel zu ihm heraufdrang, wusste es, dass jetzt seine Reisezeit gekommen war. Das Sternenkind verabschiedete sich vom gutherzigen Mond und flog geradewegs auf einen Christkindlesmarkt. Vielleicht landete es ja in unserer Stadt, wer weiß.

Unten angekommen, schwebte es zuerst über das bunte Treiben hinweg, rieb sich verwundert die Äuglein, und – hatschi! – der fremde Duft von Zimt und Punsch stieg ihm kräftig in die Nase. Es staunte nicht schlecht, als es sah, dass manche Lichter an Schnüren festgebunden wie Girlanden an grünen Zweigen baumelten oder die Giebel der Weihnachtsbuden zierten. Große und kleine Flammen flackerten im eisigen Wind. Elefanten, Autos und Lokomotiven hupten und drehten sich mit den lachenden Kindern fröhlich im Kreis. Dazu spielte Musik, und die Lichter gingen aus und wieder an.

Das blasse Gelb des Sternleins fiel jetzt wirklich nicht mehr auf. Die Menschen schauten nur noch auf die gerösteten Mandeln oder zu den Strohsternen auf blauem Samt.

„O weh“, dachte das Sternlein, „wie ruhig war es doch bei meiner Sternenschar!“ Ihm wurde ganz mulmig. Doch da entdeckte es viele kleine, farbige Gläser. In manchen von ihnen brannte ein Teelicht. Das Sternlein aber – schsch ... – huschte unbemerkt in eines der leeren Windlichter hinein. Es wollte sich ein wenig ausruhen – oder womöglich verstecken?

Was strahlte auf einmal nur so hell, dass der Verkäufer seinen Filzhut tiefer ins Gesicht ziehen musste? Behutsam streckte er seine Hand nach dem Glas aus. „Hab ich dieses Windlicht denn auch schon angezündet?“, fragte er sich verwundert.

Schon blieben die Kinder an seinem Stand stehen und zeigten auf das so besondere Licht. In seinem Schein war kein Gequengel zu hören, die roten Nasen der Kinder wurden schnell warm. Eine seltsame Ruhe breitete sich um das golden leuchtende Sternlein und erfüllte Augen und Herzen der Kinder.

Die großen Leute waren viel zu beschäftigt mit Reden, Schauen und Kaufen, als dass sie diesen warmen, goldenen Schein wahrgenommen hätten. Wie verwandelt aber waren die Kinder.

Froh und glücklich fühlte sich jetzt auch das Sternlein, weil es so einzig war unter all den bunten Lichtern. Und jetzt wusste es, dass sein heller Schein verzaubern konnte. Erfüllt von diesem Glück wollte das Sternlein an seinen alten Platz zurück und dem Mond von all dem erzählen. Es flüsterte den Kindern noch etwas zu und verschwand vor den glänzenden Augen mit einem funkelnden Schweif. Da tuschelten die Kinder untereinander und wünschten sich etwas ganz Geheimes.

Ob sie das schimmernde Glück des Sternleins am Himmel auch von der Erde aus sehen? Welcher der Sterne mag es wohl sein? Und was denkt ihr, haben sich die Weihnachtskinder gewünscht?

Still, still, still

1. Um die Krippe ist es still.
Still, still, still.
Weil das Kindlein lauschen will.
Still, still, still.

2. Hör nur, wie Maria singt.
Still, still, still.
Josef wiegt dazu das Kind.
Still, still, still.

3. Siehst du dort den Flockentanz?
Tanz, tanz, tanz.
Grade überm Eselschwanz!
Tanz, tanz, tanz.

4. Riechst du da den Apfelduft?
Hm, hm, hm.
Süße Sachen in der Luft.
Hm, hm, hm.

5. Süße Weihnachtsbäckerei.
Hm, hm, hm.
Und dann eine Schleckerei!
Hm, hm, hm.

6. Siehst du da den Weihnachtsbaum?
Still, still, still.
Leuchtet still wie aus dem Traum.
Still, still, still.

7. Schnelles Flüstern, leises Knistern.
Pst, pst, pst.
Tuscheln unter den Geschwistern.
Pst, pst, pst.

8. Hörst du da den Weihnachtsmann?
Tapp, tapp, tapp.
Schleppt, was er nur schleppen kann.
Tapp, tapp, tapp.

9. Hörst du da dein Herz, poch, poch?
Poch, poch, poch.
Und jetzt schlägt es heller noch,
poch, poch, poch!

10. Was erfüllt mein Herz mit Freude?
Kling, klang, kling.
Singen, Tanzen, das Geläute?
Kling, klang, kling.

Weihnachten

Hast du wen im Wald getroffen?
Alle Türchen stehen offen …

Das letzte Türchen

„Stille Nacht, heilige Nacht", im „Fest der Stille": Was hat Weihnachten mit Stille zu tun? Was bedeutet die Verbindung von „still" und „heilig"? Weshalb wird zu Weihnachten das Licht so betont? Und der Friede? Warum gibt es Geschenke? Was ist an Weihnachten so geheimnisvoll? Warum ist es ein Fest der ganzen Familie? Warum wird so viel Weihnachtsgebäck hergestellt und alles geschmückt?

Im Advent haben wir ein Licht um das andere angezündet, um das absteigende Licht zu stärken. Nun, zu Weihnachten, ist die dunkelste Zeit gerade hinter uns, und das Licht nimmt wieder zu. Symbolisiert und gleichzeitig verkörperlicht wird es durch das Wunder, die Geburt des Kindes. Das ist nicht nur im Christentum so.

Die Verbindung von Stille und Friede ist offensichtlich. Neues Licht und Leben können erst aus diesem Frieden entspringen. Wirklicher Friede entsteht erst, wenn wir aus der Hektik zurücktreten. Früher waren die Menschen mit der Abnahme des Lichtes und der Zunahme der Kälte ganz einfach gezwungen, weniger zu tun, sich zusammenzufinden, um Wärme und Licht gemeinsam zu nutzen. Wenn die Hände ruhen, ist die Zeit der Besinnung.

Nicht nur unsere Gedanken, überhaupt alle unsere leiseren Sinne werden dann wacher. Die kleinen Dinge um uns herum werden deutlicher, wichtiger, und unsere Beziehung zu ihnen. Der Apfel, der uns zu jeder Zeit schmeckt, entfaltet seinen ganzen Duft erst im Dämmerlicht des Abends, wenn alle wieder beisammen sind zum Bratäpfelessen. Auch unsere Aufmerksamkeit für die Zwischentöne steigt: für die Geheimnisse hinter dem Offensichtlichen, das Wunderbare, das Heilige. Der Rückzug aus der Aktivität öffnet die Sinne für eine andere Welt. Viele Mystiker schlossen sich in Höhlen ein.

Die gleichzeitige Verbindung des Dunklen mit Not, mindestens Dürftigkeit, stört dabei nicht. Im Gegenteil kann sie die Besinnung auf die wesentlichen Dinge der menschlichen Existenz noch vertiefen. Die eigene Ruhe und diese dunkle Zeit, vielleicht auch erst die ganz eigene Not, können Verständnis wecken für andere Menschen, Sensibilität und Bereitschaft zum Geben und Teilen verstärken.

Weihnachten ist deshalb schon lange ein Fest der Bescherung. Beispielsweise schmückte im Jahre 1417 die Freiburger Bruderschaft der Bäckerknechte im Armenhaus einen Weihnachtsbaum mit Äpfeln, Birnen, gefärbten Nüssen, Oblaten, großen und kleinen Lebkuchen, Flittergold und gefärbtem Papier. Zu Neujahr schüttelte der Altgeselle dann den Baum und die Armen durften Backwerk und Obst auflesen. Dann wurde getanzt.

Dass die Bescherung am 24. Dezember und fast ausschließlich im Kreis der Familie stattfindet, hat sich erst in jüngerer Zeit entwickelt. Die Erwartungen sind sehr hoch. Die Geschenke unterm Weihnachtsbaum sind ein Ausdruck davon. Doch sie alleine können die Erfüllung nicht bringen, das zeigt sich gerade zu Weihnachten in mancher Enttäuschung, gar manchem Familienzwist. Kinder können noch viel tiefer empfinden und die hohe Zeit erwarten. Da gehen wirklich Wünsche in Erfüllung. Glückseligkeit stellt sich ein, von der wir nur noch träumen können. Wie gerne wären wir doch an Weihnachten wieder ein Kind!

Statt dessen hängen wir vielleicht müde und abgekämpft nach all der Weihnachtshektik im Sessel, Berge von Geschirr türmen sich in der Küche, das zerfledderte Geschenkpapier quillt aus dem Mülleimer ... Leere wird empfunden und abgrundtiefe Traurigkeit. Nie fühlen sich Menschen so allein wie in diesen Tagen ...

Wir haben einiges zusammengestellt, was sich für ein gemeinsames Feiern des Weihnachtsfestes zu Hause, im Kindergarten, in der Schule – oder auch bei einem „wilden“ Weihnachtsbaum im Winterwald eignet.

Das *Weihnachtseck* kann schon früh in der Adventszeit eingerichtet werden. Je näher Weihnachten rückt, umso mehr rückt es in den Blickpunkt.

Den *Weihnachtsbaum* im Wald zu suchen und dort auch zu schmücken: wäre das nicht einmal etwas Besonderes?

Ein *Stillegeschenk* gerade zur „stillen Zeit“ ist schön, für Kinder und Eltern!

Zum Singen haben wir ein neues *Weihnachtslied* über den Tannenbaum.

Das Gestenlied *„Die kleine Höhle“* eignet sich auch zur Einführung der Bescherung. Es verweist auf eine nicht-materielle Ebene des Schenkens.

Zuletzt ein Vorschlag für die Bescherung: die *Geheimnismurmel*, und eine Fantasiereise dazu.

Der Lichterreigen aus der Adventszeit (Seite 64) wäre ein schöner Ausklang.

Weihnachtseck

Bastelei mit Krippenspiel

Die stillere Zeit des Jahres lädt zum Basteln ein. Für die vielen kleinen Schätze der Kinder bereiten wir einen besonderen Platz in der Wohnung, im Klassenzimmer oder im Gruppenraum. Dort stellen wir auch die Krippe auf. Neue Figuren gesellen sich dazu, auch Steine, Moos, Tannengrün, Barbarazweige (siehe Seite 61)...

Wichtig ist, dass alle Figuren auch für patschige Kinderhände geeignet sind, sonst kann aus der Krippengesellschaft kein eigenes Krippenspiel mit Rollentausch und Ortswechsel entstehen. Aber gerade dazu soll eine solche Weihnachtsecke auch einladen.

Laut 100jährigem Kalender glaubte man früher, dass die Tiere in den Ställen am 24. Dezember um Mitternacht Sprache und Stimme gewinnen und sich über den Hof und die darin wohnenden Menschen unterhalten. Was liegt also näher, als dies aufzugreifen und ein Spiel daraus zu machen? Leichter fällt das den Kindern, wenn zuerst Erwachsene damit beginnen.

„Also ich bin jetzt die Maria", sagt eine Erzieherin und nimmt die Figur in die Hand, „ich bin müde von der langen Reise und muss erst einmal ausruhen."

Sie legt die Figur ins Stroh neben der Krippe.

Ein Kind nimmt den Ochsen und berichtet den Mitspielern von den Ferien auf der Alm und wie er sogar einen Ochsen streicheln durfte und beim Melken der Kühe zusah und sogar einen Spritzer Milch abbekam ...

Ein anderes spielt den Esel und macht freche Zwischenbemerkungen.

„Unser Baby liegt aber nicht in einer Krippe, das hat eine richtige Wiege und schreit immer,"
fällt Patricia ein und hält das nackte Jesuskind in ihrer Hand.

Oder Kinder nehmen Ochs und Esel in die Hand und erzählen aus Sicht der Tiere, was sich seit letztem Weihnachten alles zugetragen hat.

Vielleicht entwickelt sich auch ein stilles Spiel ohne viel Worte.

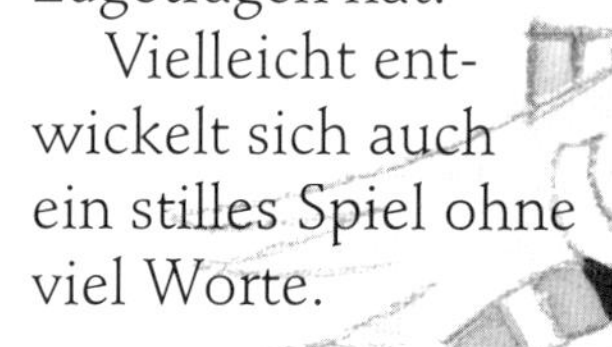

Der Baum

Waldweihnacht

Einen Weihnachtsbaum in der „guten Stube" oder Tannenzweige in einer großen Vase kennt wohl jeder – wie aber steht es mit einem Weihnachtsbaum in der Natur? Im Sommer haben wir auf einem Spaziergang vielleicht schon unseren Baum ausgesucht (siehe Seite 38), vielleicht ein Mandala darum gelegt. Jetzt wollen wir ihn wieder besuchen: das Grün in dieser sonst so dunklen und kahlen Zeit, die unverändert grüne Farbe der Hoffnung, die neues Leben verspricht. Oder wir suchen uns auf einem Adventsspaziergang einen schönen Nadelbaum im Wald oder Park aus – das ist nun unser Weihnachtsbaum! Aber keine Angst, kleiner Baum, du darfst stehen bleiben, wir besuchen dich nur ab und zu und feiern bei dir!

Das kann ganz unterschiedlich geschehen. Eine Vorhut von „Weihnachtsengeln" bereitet den Baum und das Fest vor, ausgerüstet mit weihnachtlichem Schmuck, wie Äpfel und Nüssen an Fäden, Kerzen und Selbstgebasteltem.

Einer der „Engel" kehrt zurück und führt uns anderen zum Geheimnis im Wald. Behutsam trägt jedes Kind sein Stillegeschenk bei sich (siehe Seite 72), das es später an einem ausgewählten Zweig befestigt. Eltern, Großeltern, kleiner Bär Athos und die Lieblingspuppe: Alle dürfen mit.

Wir können auch gleich alle zusammen losziehen und uns *unseren* Baum gemeinsam zum schönsten Weihnachtsbaum verzaubern.

Und dann: Vielleicht fassen wir uns an den Händen, stehen und schauen, vielleicht gehen wir im Reigen um unseren Weihnachtsbaum. Lieder erklingen, einer erzählt eine Geschichte, und dann gibt es das Geschenk der Kinder für ihre Eltern! Wer weiß, vielleicht haben die Großen ja in ihren Rucksäcken und Taschen auch eine Überraschung.

Nach dem Weihnachtsfest „draußen" schauen wir: Was kann am Baum bleiben und erfreut vielleicht noch andere Menschen? Was nehmen wir wieder mit? Das Adventslied „Still, still, still" (siehe Seite 67) passt auch für unseren Heimweg.

Stillegeschenk basteln

Wir bekleben eine kleine Schachtel und legen eine Murmel, einen Glasstein oder einfach ein gefundenes Kieselsteinchen hinein. Dies wird in Stoff oder Papier eingepackt, kleine selbst gebastelte Säckchen oder Tütchen eignen sich besonders gut. Nun kommt der Name des Kindes drauf. An einem Bast- oder Wollfaden wird das Päckchen von den Kindern an die Zweige gehängt. Die Schachtel mit dem Steinchen ist ein Symbol für Ruhe, die die Kinder ihren Eltern schenken.

Vielleicht können zusätzlich Vereinbarungen getroffen werden, dass das Kind den Eltern eine Ruhezeit lässt, zum Mittagsschlaf oder zum Lesen. So wird das Wertvolle an der Ruhe besonders hervorgehoben. Kleine Kinder benötigen dazu aber Unterstützung. Sie sind sehr impulsgeleitet und können Zeit nicht gut abschätzen. Aber eine Kassetten- oder CD-Länge oder auf der CD bis an diese oder jene Stelle. Oder ein Aufkleber an der Uhr im Kinderzimmer: Wenn der Zeiger dorthin gewandert ist, dann ist das Stillegeschenk eingelöst.

Bevor dann noch dampfender Kinderpunsch gereicht wird, singen wir Lieder von Weihnachten, vom Winter und dem Schneemann, der in der Sonne schmilzt. Besonders schön ist es natürlich für die ganze Familie, wenn auch die Eltern den Stillestein zum Anlass nehmen und ihrerseits den Kindern stille Zeit schenken.

Das Weihnachtslicht

1. Die Zweige sind das ganze Jahr
so grün, so grün, so grün.
Als noch die Sommerhitze war:
so grün, so grün, so grün.
Und grün im Winter immer noch.
Mag alles dunkel sein, jedoch
der Tannenbaum ist grün.

2. Und unter seinen Zweigen liegt
das Kind im trocknen Stroh.
Wenn kalter Wind die Äste wiegt,
es lächelt einfach so.
Mag alles kalt und dunkel sein,
sein Licht strahlt in die Welt hinein,
es lächelt einfach so.

3. Und überm Baum, dort steigt das Licht,
wird heller jeden Tag.
Das scheint nun jedem ins Gesicht,
der auch die Stille mag.
Mag alles kalt und dunkel sein,
das Licht strahlt in die Welt hinein,
heut ist ein Freudentag.

Die kleine Höhle

Gestenlied

Gesten:

Schließ ich meine Hände sacht,

Jedes Kind legt die beiden Hände so aneinander, dass sie eine Höhle bilden

ist in meiner Höhle Nacht.

Lausche ich am Höhlentor,

Die Hände an ein Ohr halten, danach etwas Zeit zum Lauschen lassen

tönt nur Stille an mein Ohr.

Öffne ich das kleine Haus,

Die Hände wieder nach vorne und langsam etwas öffnen

haucht die Stille auch hinaus.

Die Hände öffnen sich ganz in den Raum

Doch die Wärme bleibt bei mir.

Die Hände über Kreuz an die Brust

Und die teil ich gern mit dir.

Die Hände nun ganz auseinander und den Nachbarn geben

Variation: Wenn die Kinder sich nach dem letzten Vers die Hände geben, können diese so aufeinander gelegt werden, dass jeweils neue Höhlen entstehen.

Geheimnismurmel

Fantasiereise

Jedes Kind bekommt eine Murmel geschenkt, schön verpackt in einer kleinen Schachtel – und zwar als Geheimnismurmel. Nach dem Auspacken gibt es eine Fantasiereise über die Geheimnismurmel. Vorher kann über Geheimnisse geredet werden, dass jeder welche hat, schöne und unangenehme, und oft nicht weiß, wie damit umzugehen ist. Und über das Geheimnis um Weihnachten, über die Weihnachtsgeschichte, über das Kind in der Krippe, die vielen Lichter und die Überraschungen unterm Weihnachtsbaum. Die Murmel behält das Kind während der Fantasiereise in der Hand. Die Fantasiereise kann sich etwa an den folgenden Sätzen orientieren:

Spüre die Murmel in deiner Hand, wie sie sich anfühlt.

Lass die Murmel sich in deiner Hand bewegen. Jeder Finger möchte sie einmal berühren.

Die Kühle der Murmel, ihre Glätte …

Die Murmel kann ein Geheimnis bergen, für dich – dein *Geheimnis, tief in der Murmel versteckt und geborgen.*

Wenn du die Murmel umschließt, dann kannst du dein Geheimnis in sie hineinflüstern.

Wenn du die Murmel umdrehst, dann spricht dein Geheimnis zu dir.

Wenn du die Murmel umfasst, dann kannst du dir etwas wünschen, etwas das möglich ist, etwas das vielleicht möglich wird, wenn du es willst.

Wenn du die Murmel drückst, dann spürst du eine Kraft in ihr. Sie ist wie die Kraft in dir.

Vielleicht spürst du, wie die Kraft in dir wächst, wenn du die Murmel umfasst.

Die Murmel kann dich immer begleiten.

Findet das Ganze im Rahmen einer Weihnachtsfeier im Kindergarten statt, legen Sie den Text der Fantasiereise der Murmelschachtel bei. So können die Eltern zu Hause die Fantasiereise noch einmal mit dem Kind durchzuführen. Oder ältere Kinder nehmen ihre Familie mit auf die Reise und verschenken eigene Murmeln.

Der Sonnenlauf

Die Phasen der Sonne im Jahreslauf werden nur noch selten gewürdigt. Fixpunkte darin sind die Wintersonnwende am 21. Dezember (Winteranfang), die Tag-Nacht-Gleiche am 21. März und am 21. September, die Sommersonnenwende am 21. Juni (alles kann sich auch mal kalendarisch um einen Tag verschieben). Von den Bräuchen für diese Zeiten haben sich nur Reste erhalten, vor allem in ländlichen Gebieten. Oder auch in der Anthroposophie.

Tatsächlich sind aber wenigstens zwei Feste allen Menschen geläufig: Ostern mit seinen Wurzeln im Fest der Tag-Nacht-Gleiche – und Weihnachten, das im Fest der Wintersonnenwende gründet (siehe auch Seite 23 und 60). In diesen Festtagen ist somit die tiefe Bedeutung dieser Fixpunkte des Sonnenlaufs für die Menschen noch immer enthalten, auch wenn sie nach verschiedenen Kalenderreformen etwas verschoben sind.

Viele Menschen erkennen, dass wir untrennbar ein Teil dieser Natur sind, dass unser körperliches und seelisches Wohlbefinden ganz wesentlich auch von den jahreszeitlichen Veränderungen beeinflusst wird – trotz Neonlicht und Erdbeeren zur Weihnachtszeit. Der Biorhythmus des Körpers steht in einer vielfältigen Beziehung zum Licht. Naturerfahrungen sind deshalb für eine ausgeglichene Entwicklung von Kindern sehr wichtig. Das anschließende Gestenlied greift noch einmal alle Jahreszeiten auf und beschließt unsere Reise durch die Feste des Jahres.

Jahreslauf

Gestenlied

Gesten:

Die Sonne macht das helle Licht,
Mit den Armen einen Kreis für die Sonne beschreiben

und Frühlingsblüten, dicht an dicht.
Mit den Händen aufbrechende Blüten spielen

Im Sommer trocknet sie das Heu.
Die Hände bewegen, als würden wir Heu aufnehmen

Im Herbst färbt sie die Blätter neu.
Mit einem „Pinsel" eine Leinwand bemalen

Im Winter blitzt aus Schnee sie auf.
Fingerkuppen aneinander und ab und zu schnell strahlenförmig auseinander, um das Blitzen des Schnees anzuzeigen

So feiern wir den Jahreslauf.
Mit der Hand einen weiten Halbkreis vor uns beschreiben

Stille Zeiten durch den Tag

Zum Klang unserer Feste hat die Erde einmal die Sonne umkreist: Ein Jahr ist vergangen. Den „kleinen" Sonnenlauf, die Drehung der Erde um sich selbst, erleben wir jeden Tag. Auch hier finden wir Zeiten, zu denen wir Stille besonders betonen, ihr Raum schenken können.

Sonnenaufgang

Die frische Energie beim morgendlichen Erwachen ist ein Schlüssel zu Ruhe und Entspannung. Ruhe braucht man, um für die jeweilige Aktivität die angemessene Energie aufzubringen: nicht überdreht zu sein und nicht lasch. Aktivität ist also kein Gegensatz zu Ruhe und Entspannung. Mit Energie und Frische ist Entspannung überhaupt erst erfahrbar.

Ein Spiel am Sandkasten: Janosch hat die Schaufel in der Hand, stochert abwesend im Sand herum, „ruhig", aber offenbar abgeschlafft, energielos, vielleicht übermüdet. Tamina gräbt nach nassem Sand, bäckt fleißig Kuchen und plappert unentwegt vor sich hin. Christine beginnt eine Burg zu bauen, halb fertig zerstört sie ihr Werk wieder, beginnt halbherzig etwas neues, schielt zu den anderen hinüber, kommt – offensichtlich absichtlich – mit ihrem Platzbedarf anderen Kindern ins Gehege.

Aktiv sind alle drei Kinder. Ihre Energie dabei ist unterschiedlich. Janosch mag zwar äußerlich betrachtet am „ruhigsten" spielen, aber ruhig und entspannt erleben wir doch eher das fröhliche Spiel von Tamina, während Christine einfach nur überdreht wirkt. Der freie Fluss der Energie, *Aktivität aus der Ruhe heraus* – genau das gilt es zu fördern.

Und so bieten wir einiges zum Morgenerwachen, um die frische Energie strömen zu lassen und den Tag leicht zu beginnen.

„Wachhören" ist ein Morgengedicht. Vers, Rhythmus und Reim ordnen Sprache. Und Ordnungen geben Halt, und zwar in einer spielerischen Art und Weise, ohne dass von „Ordnung" oder gar „ordentlich" die Rede sein muss. Das gilt auch für Musik, wie beim *„Kuschelkissenschütteltanz"*, der nur gesungen oder auch getanzt werden kann.

„Lauschkreis“ ist die Abwandlung eines verbreiteten Stillemoments zum Gestenlied, für den Morgen zu Hause, im Kindergarten, an der Grundschule.
Wir halten inne, lauschen um uns herum – und tauschen uns anschließend darüber aus. Gerade in der Frische des Morgens können die Kinder beispielsweise über die Aufmerksamkeit in unserem „Lauschkreis“ zu Ruhe und Konzentration geführt werden. Danach wird wieder Trubel sein – aber etwas vom Klang der Stille wird mitschwingen durch den Tag.

Mittag
Der höchste Stand der Sonne ist immer noch Anhaltspunkt für die Hauptmahlzeit am Tage und für eine kleine Siesta.

In südlichen Ländern ist eine „Siesta“ ganz selbstverständlich. Ein Rückzug ins Kühle, in den Schatten, ins Haus. Geschlossene Fensterläden, vielleicht läuft ein Ventilator. Auch bei uns war früher eine ausgedehnte Mittagsruhe üblich. Erst im Zuge der Industrialisierung verlor sich dieser natürliche Rhythmus im Takt der Maschinen, die nie stillstehen und auch den Menschen in ihre ununterbrochene Arbeit einbeziehen. Unser Körperempfinden und unsere natürlichen Bedürfnisse nach Erholungszeiten bleiben unberücksichtigt.

Wie Forschungen der Biochronologie gezeigt haben, unterliegt der natürliche Biorhythmus unseres Körpers nicht einfach einem 24-Stunden-Takt von Aktivität am Tage und Ruhe in der Nacht. Stattdessen wurden differenziertere Rhythmen gefunden, am wichtigsten ein ausgeprägtes Ruhe- und Regenerationsbedürfnis um die Mittagszeit. Wenn möglich, sollte dieses natürliche Bedürfnis berücksichtigt werden. Ordnen wir uns dem vorgegebenen künstlichen Zeittakt permanent unter, kann dies zu Übermüdung und chronischer Erschöpfung führen. Bei Kindern äußert sich dies oft in hippeligem Verhalten und Überdrehtheit.

Die sich natürlich einstellende Müdigkeit zur Mittagszeit wollen wir hier aufgreifen. Vielleicht wird in dieser Ruhezeit geschlafen, vielleicht ist zur „Siesta“ einfach weniger los. Rituale wie ein Gestenlied oder eine Fantasiereise können zu dieser Ruhezeit überleiten. Einen Ausklang und Übergang zu mehr Aktivität bietet der Sitztanz (siehe Seite 84).

Sonnenuntergang – Rituale zur Guten Nacht

Die Welt wird im Dämmerlicht geheimnisvoll und interessant. Manchen Kindern fällt der Übergang vom Lauten ins Leise, vom Hellen ins Dunkle, vom Bewegt-Sein in die Ruhe schwer. Vielleicht aus Angst vor dem Dunkeln, allein im Zimmer zu sein, sich von Eltern und Geschwistern lösen zu müssen. Müdigkeit kann sich deshalb gerade in gesteigerter Aktivität, in Überdreht-Sein äußern, um wach zu bleiben. Kinder spüren die Müdigkeit, aber sie kämpfen dagegen an.

Wichtig sind Rituale, die diesen Übergang unterstützen. „Du musst jetzt ins Bett" färbt das Zubettgehen negativ und kann Widerstand wecken. Das Gefühl aber, abgeschoben, verlassen zu werden, löst entsprechende Gegenreaktionen aus. Die Begleitung der Eltern durch Spiele, Gutenachtgeschichten, Liedersingen, Spieluhr, Gutenachtgebet und anderes kann Angst nehmen und eine wohlige, entspannte Atmosphäre schaffen, in der die Augen einfach so zufallen.

Der Übergang von der Tagesaktivität zur Bettruhe kann etwa folgendermaßen aussehen:

- Spiel beenden, Zimmer aufräumen
- Abendessen
- Schlafanzug anziehen
- Toilette, Zähneputzen
- Im Bett wartet etwas aufs Kind. Manche haben ein besonderes Schmusetier oder eine Spieluhr. Bevor die Eltern kommen, kann auch Musik oder eine Geschichte gehört werden. Kleiner Bär Athos ist gerne dabei ...
- Zeit am Bett miteinander: eine oder mehrere gemeinsame Aktivitäten wie ein Gestenlied, ein Spiel (beispielsweise *Licht einfangen*), eine Gutenachtgeschichte, eine Rückbesinnung auf den Tag, ein Gutenachtlied
- Nicht nur bei kleineren Kindern ist Körperkontakt zum Abschied wichtig, gibt Sicherheit und Vertrauen. Schmusen, vielleicht eine Massage oder Streicheln beruhigt
- Ein Gutenachtgebet und ein Gutenachtkuss können die gemeinsame Zeit abschließen. Wenn das Kind will, bleibt die Tür einen Spalt offen. Ein Nachtlicht in der Steckdose kann Kindern gut tun, die Angst vor der Nacht haben. Fluoreszierende Sterne über dem Bett leuchten im Dunkeln und faszinieren Kinder
- Wenn das Kind, nachdem die Eltern gegangen sind, noch ein Bilderbuch anschauen, lesen oder Musik hören möchte, hat es damit vielleicht ein eigenes Ritual zum Tagesabschluss gefunden. Wichtig ist der feste Rhythmus, der auch mal kürzer, mal länger, mal früher, mal später sein kann, aber immer vertraut ist und deshalb Geborgenheit vermittelt.

Morgenerwachen, *Mittagsruhe* und *Gutenachtzeit*: Dazu im Folgenden einige Beiträge.

Nachtgespenster flitzen

Morgengedicht, auch zum Mitmachen

Schon dringt Licht durch Spalten, Ritzen.
Nachtgespenster müssen flitzen.
Noch mal gähnen, strecken, recken,
unterm Federbett verstecken.
– Jetzt spring raus, die Decke fort!

Raus jetzt, raus, die Schuhe an!
Was ich alles machen kann!
Noch mal gähnen, Augen reiben,
Beine strecken, Schlaf vertreiben.
– Und was höre ich von dort?

(Kleine Pause: Was wir als erstes hören, wird genannt.)

Lauschkreis

Gestenverse zum Morgen

Wir öffnen alle Türen, Fenster,
Arme weit nach außen öffnen, als würden wir ein Fenster aufmachen
vertreiben alle Nachtgespenster.
Mit den Händen verscheuchen
Wir lauschen still ringsum im Kreis.
Zeigefinger auf die Lippen
...
Lange Pause, alle lauschen; Spielleitung behält den Finger vor dem Mund zum Zeichen, dass dieser Teil noch andauert
Und nun erzähl ich, was ich weiß
Die geöffneten Hände laden zum Erzählen ein
Anschließend tauschen die Kinder aus, was sie gehört haben, im Raum und von außerhalb: Vögel, Flugzeuge, Autos, Knacken im Holz, Geräusche anderer Leute, vielleicht den Wind.

Schön ist es, inne zu halten und bewusst auf die Sinne zu hören, gerade in der Frische des Morgens. Der Bewegungsdrang der Kinder kommt unter anderem daher, dass sie mehr erfahren, mehr erleben wollen. Mit Stillemomenten wie dem „Lauschkreis" greifen wir diese Energie auf und eröffnen einen Erlebnisraum, der Erfahrungen auch in der Ruhe ermöglicht und das Erleben erweitert. Stille kann nur empfunden werden, wenn wir inneren Raum spüren, innere Weite. Die Energie des neuen Tages wird durch unseren „Lauschkreis" in die Stille geführt, und ins Erleben der Lebendigkeit gerade in dieser Stille.

Zur eigenen Aktivität kommt noch das Erleben des anderen dazu. Gerade überaktive Kinder erleben ein solches Angebot oft als wohltuend. Offenbar erfahren sie so einen gewissen Ausgleich einer inneren Spannung, vielleicht weil der übergroße Bezug auf das eigene Handeln bei ihnen unterbrochen wird. Passive Kinder erfahren durch solche Sinnesübungen anregende Impulse.

Kuschelkissen-Schüttel-Tanz

Zum Winteraustreib-Tanz (Stück 2 auf der CD) zu sprechen und zu tanzen (siehe Seite 22)

Wir kuscheln warm, ganz dicht an dicht.
Durchs Fenster bricht das helle Licht.

Wir springen aus dem Bett heraus
und schütteln unsre Kissen aus.

Wir tanzen fröhlich hin und her,
wir hüpfen kreuz und hopsen quer.

Wir tanzen nun so Hand in Hand,
wie Schmetterlinge durch das Land.

Siesta-Ecke

Wir überlegen mit den Kindern zusammen: Wie kann ein Ruheort so gestaltet werden, dass sich alle dort wohlfühlen?

Wir greifen die Ideen der Kinder auf und bringen eigene ein. Bei der Gestaltung sind alle dabei, denn wenn wir zu einer gemeinsamen Sache etwas beitragen, wird sie zu unserer eigenen, und wir fühlen uns heimisch.

Dinge, die für Ruhe, Entspannung, Stille, Erholung, Geheimnis, Alleinsein, Geborgenheit stehen, sind an unserem Ruheort vertreten. Auf jeden Fall werden einladend weiche Matratzen da sein, eine Verdunklungsmöglichkeit – Tücher und Stoffe vor den Fenstern verändern die Farbe des Lichtes, möglichst ins warme Rot; Aber eine rote Glühbirne in der Stehlampe reicht auch. Da werden Kuscheltiere sein, Kissen, Decken, Tücher, vielleicht der eigene Teddy. Es kann eine Klangschale geben, wie sie den Kindern von Stillemomenten bekannt ist, vielleicht eine Duftlampe, Erinnerungsstücke aus gemeinsamen Projekten, vielleicht ein Mandala auf dem Tablett, Steine vom Stillespaziergang, damals zur Fantasiereise gebastelte Papierschiffchen ... Aber nicht mehr als zwei, drei Dinge, der Raum sollte eine Atmosphäre ausstrahlen, die zum Ausruhen und Entspannen einlädt.

Wir können die Gestaltung der Kuschelecke mit den Jahreszeiten etwas verändern. Natürlich gilt die Regel: Hier ist es still. Hier wird nicht herumgetobt. Wer hier ist, der stört nicht und darf nicht gestört werden. Die Kuschelecke sollte zu jeder Zeit eine freie Rückzugsmöglichkeit für die Kinder bieten. Eine Fantasiereise oder ein Stillemoment führt uns alle in der Ruhe zusammen und stärkt die Bedeutung des Raumes. – Aber nicht zu häufig, nicht zu viel Gemeinsames dort, damit der private Charakter der Kuschelecke erhalten bleibt.

Licht einfangen

Spiel zur Gutenacht

Wir fangen Bewegtheit ein und führen sie ins Bett zur Ruhe. Mit der Taschenlampe leuchten wir dazu langsam im dunklen Kinderzimmer hierhin und dorthin. Das Kind versucht, das Licht zu fangen, aber meist huscht es weg. So werden Fußboden, Wand, Tisch, verschiedenes Spielzeug angeleuchtet.

Wir können uns abwechseln: Mal leuchtet das Kind mit der Taschenlampe und Sie haschen nach dem Licht, mal umgekehrt.

Dann bewegt sich der Lichtkegel ganz langsam zur Wand hinter dem Bett. Das Kind steigt ins Bett, um an ihn heranzukommen.

Zum Abschluss ruht der Lichtkegel auf der Bettdecke – und bleibt dort liegen, kann vom Kind eingefangen werden. Mit seinen hell angestrahlten Händen endet das Spiel.

Nun können Sie im Schein der Lampe noch eine Geschichte erzählen, ein Lied oder Gestenlied singen.

Sitztanz

Zum Wachwerden nach der Mittagsruhe

Wir sitzen im Stuhlkreis, mit genügend Armfreiheit für Schwimmbewegungen. Die Anleitung kann sich auf andere Kinder oder auf uns selbst beziehen. Etwa:

„Stellt euch vor, die heißeste Mittagszeit ist vorbei, und wir sind unterwegs auf einer staubigen Straße zum See, um uns zu erfrischen.

Wir gehen auf der Straße.

Abwechselnd den rechten und den linken Fuß hochheben und wieder abstellen oder sitzend kleine Schritte nach vorne und wieder zurück

Am See angekommen, hechten wir ins Wasser.

Kopf etwas ducken, Hände aneinanderlegen, Arme und Oberkörper nach vorne bewegen

Wir schwimmen mit den Enten um die Wette.

Schwimmbewegungen: Kraulen (weniger Platzbedarf) oder Brustschwimmen (mehr Platzbedarf)

Dann steigen wir aus dem See und trocknen uns ab.

Storchenschritte, dann pantomimisch mit einem Handtuch trocken rubbeln

Wir sitzen noch ein Weilchen am Ufer, die Füße baumeln im Wasser, und die Sonne wärmt uns.

Mit beiden Händen gemütlich hinten am Stuhl abstützen und die Beine hin- und herbewegen, als würden sie im See hängen. Dabei auch mal Bewegungen mit den Händen und Beinen, wie um sich gegenseitig anzuspritzen.

Das kann – mit wenigen Kindern – auch direkt auf Hockern ums Planschbecken gespielt werden, in Badehosen, die Füße hängen im Wasser.

In die Träumenacht

Gestenlied zur Gutenacht

Der Mond zieht seinen Bogen,
Bogen von links nach rechts mit einer Hand beschreiben
wir kuscheln uns ins Bett hinein.
Kuschelbewegungen, Bettdecke zurechtziehen
Der Sandmann kommt geflogen
Mit der Hand über den Augen Ausschau halten
und bringt den Träumesack herein.
Mit den Händen einen Sack formen
Er deckt die Kinder zu, ganz sacht.
Mit der Bettdecke zudecken
Wir schlummern in die Träumenacht.
Hände aneinander und auf eine Wange legen, Augen schließen

Der Bär und die Elster

Tief im Bärenwald, gleich bei der großen Eiche, sieht er gerade noch das wohlgenährte Hinterteil von Großvater Bär zwischen den Stämmen verschwinden. „Trotte du nur den anderen nach", denkt sich kleiner Bär Athos, „ich hab erstmal genug!" Und er vergisst die Rehspur so schnell wie seine Geschwister. Er lässt sich faul in das weiche Gras unter der knorrigen Eiche plumpsen, nimmt den dicken Kopf zwischen die Vordertatzen und brummelt ein Vagabundenlied vor sich hin.

Da schaukelt er wohlig im Takt der Melodie. Im Eichengeäst tanzen die Blätter dazu. Auch Licht und Schatten tanzen mit, huschen über das Gras des Waldbodens, flirren den Baumstamm hinunter und wieder hinauf.

Der kleine Bär gähnt. Die braunen Knopfaugen fallen ihm zu. Schon wiegt er sich hinein in den Schlaf.

Im Traum wird das Graspolster zu weichen Daunenkissen und seidenen Tüchern. Zwei Affen mit weißen Handschuhen halten riesige Palmwedel und fächern ihm Kühle zu. Schmetterlinge tanzen über Schalen mit Blumen und köstlichen Früchten. Libellen flitzen vorbei, ihre Farben blitzen im Sonnenlicht. Sanft krault die Bärenmama ihrem Liebling den glänzenden Pelz. Bienen schwärmen unablässig herbei und schütten aus ihren goldenen Eimerchen Honig in das Fass an seiner Seite. Ab und zu leckt er genüsslich mit seiner Zunge daraus, wenn der Applaus seinen Redefluss unterbricht.

Denn vor ihm haben sich die Bewohner des Waldes versammelt. Der kleine Bär winkt einen nach dem anderen zu sich heran. Er erteilt Rat, schlichtet Streitigkeiten und lässt sich von seinen vielen Verehrern bewundern. Manche sind nur gekommen, um ihn einmal selbst zu sehen oder ihren Kindern zu zeigen. Einen weiten Weg haben selbst alte und kranke Tiere auf sich genommen, um in seiner Nähe zu sein. Verlegen kichern die Kleinen, wenn sein Blick über sie gleitet.

Stolz liegt der kleine Bär so unter der Königseiche, umschwärmt von all den anderen, gewöhnlichen Waldbewohnern. „Ich, Bär Athos sage ...“, will er gerade zu einer neuen Rede ansetzen, da wird er jäh unterbrochen.

Platsch! Was ist das? Er blinzelt und öffnet mühsam ein Auge. Das andere Auge ist ganz verklebt. Über ihm wippt eine Elster frech mit ihren Schwanzfedern. Was wischen seine Tatzen denn da aus dem Gesicht?

Hellwach hinunter zum Waldbach. Prusten und schnauben: brr, ist das Wasser kalt! Der kleine Bär schüttelt den nassen Pelz. – Wo wohl die anderen sind? Eine Hummel surrt an seiner Nase vorbei. Da senkt der kleine Bär seinen Kopf und nimmt die Fährten am Boden auf. Allerhand Bärengerüche, natürlich, die ganze Bande, und Großvater Bär noch dazu. Und diese Rehspur ... Langsam trottet der kleine Bär hinterher.

Wenig später hat er die anderen gefunden. Da liegen sie unter den schattigen Bäumen und schnarchen. Ihre vollen Bäuche heben und senken sich wohlig.

Er legt sich einfach dazu, müde vom Weg und den vielen weisen Reden in seinem Traum.

Da liegt der kleine Bär nun – ganz ruhig. Kannst du die Ruhe des kleinen Bären spüren? Die Ruhe ist überall in ihm, ganz tief. – Schwer sind die Tatzen des kleinen Bären, ganz schwer. Fühlst du, wie schwer seine Tatzen sind? Kleiner Bär Athos ist schwer, ganz schwer. – Und warm sind die Tatzen des kleinen Bären, schön warm. Fühlst du, wie warm sie sind? Die Wärme strömt durch seinen ganzen Körper. Der kleine Bär ist warm, schön warm. – Sein Atem geht ein und aus, ein und aus, ganz ruhig und gleichmäßig, ganz von allein. – Der kleine Bär ist ruhig, schwer und warm – ruhig, schwer und warm. – So liegt kleiner Bär Athos ein Weilchen und ruht sich aus. Wohlig schläft er dann ein.

Und wenn auch du nun bald schläfst, vielleicht träumst du mit dem kleinen Bären von den Affen mit ihren weißen Handschuhen, vom Honigfass und den sanften Tatzen der Bärenmama.

Rückbesinnung auf den Tag

Der Tag kann noch einmal nacherlebt werden. Das Kind liegt im Bett und schließt die Augen. Ein Elternteil sitzt am Bett und erzählt langsam, was am Tag alles los war, oder ausgewählte gemeinsam erlebte Teile davon, etwa aus einem Spaziergang, in der Art einer Memorygeschichte (siehe Seite 9).

Bärenmassage

Die Zeilen sollten langsam gesprochen werden, jede Strophe beliebig oft wiederholt. Gleichzeitig wird massiert. Statt der Verse kann auch frei erzählt werden. Benutzen wir zur Massage ein wohlriechendes Körperöl, intensiviert sich das Erleben. Wenn auch das Kind den Erwachsenen massiert, wird es für alle zu etwas Besonderem.

Bärenkinder sind noch munter,
tanzen rauf und hüpfen runter,
kribbel, krabbel, Bärenzunder,
Bärenkinder sind noch munter.

Die Finger krabbeln den Rücken des Kindes mehrmals von unten nach oben und hüpfen wieder zurück

Bärenkrallen können kratzen,
kritzen, kratzen, kritzen, kratzen,
und mit ihren Pfoten matschen,
mitschen, matschen, pitschen, patschen,

Mit den Fingerkuppen oder den Fingernägeln sanftes Kratzen am Rücken. Mit den Händen leichtes Kneten („matschen") und Klopfen („patschen"), mehrmals den Rücken von oben nach unten und wieder zurück

Bärentatzen sind so schwer,
streichen hin und streichen her,
wie ein weicher Schmusebär,
Bärentatzen sind so schwer.

Die Hände streichen am Rücken hin und her, von innen (der Wirbelsäule) nach außen und wieder zurück. Den Rücken dabei von oben nach unten bearbeiten

Bärenpfoten können ruhen,
einfach einmal gar nichts tun.
Warm die Bären, warm bist du,
und so gehen sie zur Ruh.
– Und auch du.

Die Hände liegen ruhig und mit leichtem Druck auf dem Rücken, erst oben, bis sich unter ihnen spürbar Wärme ausbreitet; nach zwei Versen Hände etwas nach unten verlagern. Bei „– und auch du" noch ein leichter Nachdruck – und die Massage ist zu Ende

Abendlied

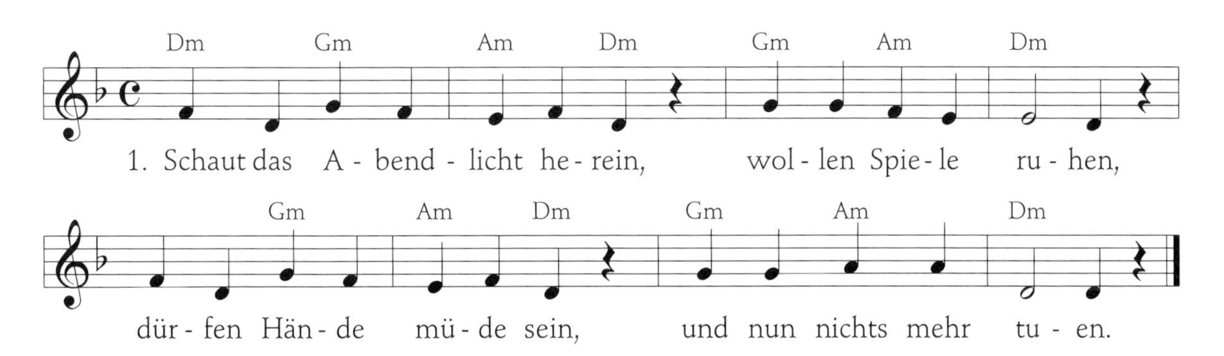

1. Schaut das Abendlicht herein,
wollen Spiele ruhen,
dürfen Hände müde sein,
und nun nichts mehr tuen.

2. Schaut das Abendlicht herein,
klopft ans Fenster Regen,
dürfen Füße müde sein,
und ins Bett sich legen.

3. Schaut das Abendlicht herein,
kuscheln wir ins Kissen,
dürfen Äuglein müde sein
und sich einfach schließen.

4. Schaut das Abendlicht herein,
Mond mit seinen Schafen,
dürfen alle müde sein
und bis morgen schlafen.

Statt „dürfen alle" kann in der vierten Strophe auch „darf" und der Name eines Kindes gesungen werden.

Abendgebet

Danke Gott für diesen Tag,
für die Menschen, die ich mag.
Danke für die guten Sachen,
für das Spielen und das Lachen.
Danke auch für diese Nacht,
die uns schöne Träume macht.

Literatur

FAHR-BECKER, GABRIELE: Ryokan. Zu Gast im traditionellen Japan. Könemann, Köln, 2000

FRIEBEL, VOLKER & SUSANNA ZU KNYPHAUSEN: Geschichten, die Kinder entspannen lassen. Südwest, München, 1995

FRIEBEL, VOLKER: Wie Stille zum Erlebnis wird. Sinnes- und Entspannungsübungen im Kindergarten. Herder, Freiburg im Breisgau, 1995

FRIEBEL, VOLKER: Weiße Wolken, stille Reise. Ruhe und Entspannung für Kinder ab 4 Jahren. Mit vielen Geschichten, Übungen und Musik. Buch mit CD. Ökotopia, Münster, 1996

FRIEBEL, VOLKER: Mandalareisen mit Kindern. Naturmeditationen, Fantasiereisen, Wahrnehmungsübungen. Mit CD und Malvorlagen. Ökotopia, Münster, 1998

FRIEBEL, VOLKER & MARIANNE KUNZ: Meditative Tänze mit Kindern. In ruhigen und bewegten Kreistänzen durch den Wandel der Jahreszeiten. Buch mit CD. Ökotopia, Münster, 2000

FRIEBEL, VOLKER & SABINE FRIEDRICH: Entspannung für Kinder. Übungen zur Konzentration und gegen Ängste. Buch mit CD. Rowohlt Taschenbuch Verlag, Reinbek, 2002

KLEIN, MARGARITA: Schmetterling und Katzenpfoten. Sanfte Massagen für Babys und Kinder. Ökotopia, Münster, 1999

MERZ, GERHARD: 100jähriger Kalender. Weltbild, Augsburg, 1998

MEZGER, WERNER: Das große Buch der schwäbisch-alemannischen Fasnet. Theiss, Stuttgart, 1999

VALENTIN, LIENHARD: Mit Kindern neue Wege gehen. Erziehung für die Welt von morgen. Rowohlt Taschenbuch, Reinbek, 2000

VOSSEN, RÜDIGER: Weihnachtsbräuche in aller Welt. Christians, Hamburg, 1985

VOSSEN, RÜDIGER; ANTJE KELM & KATHARINA DIETZE: Ostereier – Osterbräuche. Vom Symbol des Lebens zum Konsumartikel. Christians, Hamburg, 1991

Weitere Literatur zur Entspannung für Kinder im Netz unter: www.Volker-Friebel.de

Autoren und Illustratorin

Volker Friebel (Jahrgang 1956) ist Elektrikergeselle, Musiker und promovierter Psychologe. Er lebt in Tübingen. Seine Spezialgebiete sind Entspannung, Meditation und Psychosomatik für Erwachsene und Kinder. Zu diesen Themen hat er zahlreiche Bücher, vor allem im Ökotopia Verlag und im Rowohlt Taschenbuchverlag, veröffentlicht.

Marianne Kunz (Jahrgang 1956) ist Krankenschwester und lebt in Tübingen. Sie hat zwei Kinder und ist als Autorin, Kursleiterin und Referentin tätig. Ihre Bücher (gemeinsam mit Volker Friebel) sind im Rowohlt Taschenbuchverlag, im Ökotopia Verlag und im Walter Verlag erschienen.

Information und Kontakt:
www.Volker-Friebel.de
Post@Volker-Friebel.de
Ann.Kunz@freenet.de.

Vanessa Paulzen (Jahrgang 1970), Studium Kommunikationsdesign an der Univ. Essen mit Schwerpunkt Grafik/Illustration. 1995 einjähriges Stipendium an der Ecole Superiore d'Art Graphique in Paris. Vanessa Paulzen wohnt in Düsseldorf und ist neben ihrer Arbeit als Grafikerin auch als freie Künstlerin tätig. Viele ihrer Arbeiten erscheinen in Büchern des Ökotopia Verlages.

Der Fachverlag für gruppen- und spielpädagogische Materialien

Kooperative Spiele, Spiele in Gruppen, Lernspiele, Bewegungsspiele, Brettspiele

Ökotopia Verlag und Versand

Fordern Sie unser kostenloses Programm an:

Ökotopia Verlag
Hafenweg 26a · D-48155 Münster
Tel.: (02 51) 48 19 80 · Fax: 4 81 98 29
E-Mail: info@oekotopia-verlag.de

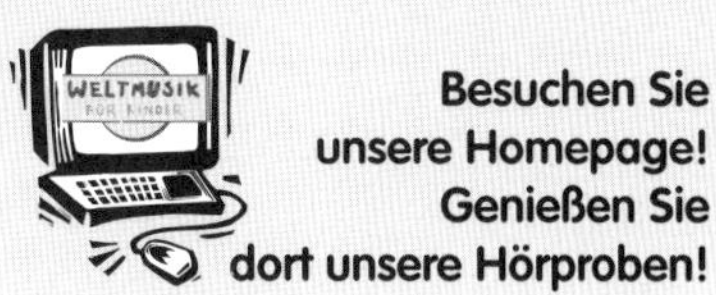

Besuchen Sie unsere Homepage! Genießen Sie dort unsere Hörproben!

http://www.oekotopia-verlag.de und www.weltmusik-fuer-kinder.de

Sybille Günther

Lichterfeste

Spiele, Lieder, Tänze, Dekorationen und Rezepte für Feiern und Umzüge in der Lichterzeit

Hier gibt es neben bekannten Bräuchen viel Neues zu entdecken: Tänze und Spiele ums Erntefeuer, Nachtumzüge im Geisterlicht, Durchsitznächte im Kerzenschein oder ein Lichterfrühstück am Lucientag.

ISBN (Buch) 978-3-936286-66-3
ISBN (CD) 978-3-936286-67-0

Sonja Janssen, Julia Alberts

Sternenstaub & Lichterglanz

Eine spielerische Schatzkiste für die Advents- und Weihnachtszeit

Die umfangreiche Spielesammlung bringt neuen Schwung in die Vorweihnachtszeit. Ganz nebenbei erfahren die Kinder Förderung in verschiedenen Bereichen wie Basiswahrnehmung, Handmotorik, Hören, Sehen und Empathieempfinden. Der Ideenfundus bringt auf pädagogisch sinnvolle Weise den Zauber der Vorweihnachtszeit zurück.

ISBN 978-3-86702-094-7

Andrea Erkert

Das Adventsspiele-Buch

Die weihnachtliche Zeit spielerisch begleiten

Eine Auswahl an ruhigen wie bewegungsintensiven Spielimpulsen rund um die Adventszeit, die sich mit kleineren und größeren Gruppen jederzeit und nahezu überall durchführen lassen. Zahlreiche Spielideen und Anregungen, mit denen sich Kinder ganz bewußt mit Motiven rund um das Weihnachtsfest beschäftigen.

ISBN 978-3-86702-060-2

Sybille Günther

Himmlische Zeiten für Kinder

Den Zauber weihnachtlichen Brauchtums in lebendigen Aktionen von Martini bis Silvester stimmungsvoll erleben

Mit einfühlsamen Weihnachtsgeschichten, mit Brauchtum und schönen Liedern, mit frischen Ideen und lebendigen Spielen geht es für Kinder singend und tanzend durch die Weihnachtszeit

ISBN (Buch) 978-3-86702-088-6
ISBN (CD) 978-3-86702-089-3

Pit Budde, Josefine Kronfli

Santa, Sinter, Joulupukki – Weihnachten hier und anderswo

Ein internationaler Ideenschatz mit Liedern, Geschichten, Bastelaktionen, Rezepten, Spielen und Tänzen

Die Weihnachtszeit auf der ganzen Welt in Spielen, Bastelanleitungen, Liedern, Geschichten, Sachinformationen und Rezepten, um mit Kindern Weihnachten fantasievoll zu gestalten und mit allen Sinnen zu feiern.

ISBN (Buch) 978-3-936286-04-5
ISBN (CD) 978-3-936286-05-2

Barbara Cratzius

Wir freuen uns aufs Weihnachtsspiel

Leichte Stücke zum Mitmachen und Mitspielen für die Advents- und Weihnachtszeit

Kurze Spielstücke zur Advents- und Weihnachtszeit mit lustigen und besinnlichen Texten. Leicht und mit wenig Aufwand lassen sich im Kindergarten und in der Grundschule Aufführungen mit kleinen sowie größeren Kindern einüben und aufführen. Wie das ohne Stress geht und auch noch Spaß macht, wird in diesem liebevoll illustrierten Mitmachbuch gezeigt.

ISBN 978-3-86702-022-0

Der Fachverlag für gruppen- und spielpädagogische Materialien

Ökotopia Verlag und Versand

Spiele, Spiele in Gruppen, Lernspiele, Bewegungsspiele, Brettspiele, Kooperative Spiele

Fordern Sie unser kostenloses Programm an:

Ökotopia Verlag
Hafenweg 26a · D-48155 Münster
Tel.: (02 51) 48 19 80 · Fax: 4 81 98 29
E-Mail: info@oekotopia-verlag.de

Besuchen Sie unsere Homepage! Genießen Sie dort unsere Hörproben!

http://www.oekotopia-verlag.de und www.weltmusik-fuer-kinder.de

Andrea Erkert
Inseln der Entspannung
Kinder kommen zur Ruhe mit 77 phantasievollen Entspannungsspielen

ISBN: 978-3-931902-18-6

Sybille Günther
Snoezelen - Traumstunden für Kinder
Praxishandbuch zur Entspannung und Entfaltung der Sinne mit Anregungen zur Raumgestaltung, Phantasiereisen, Spielen und Materialhinweisen

ISBN (Buch): 978-3-931902-94-0
ISBN (CD): 978-3-936286-07-6

Ursula Salbert
Ganzheitliche Entspannungstechniken für Kinder
Bewegungs- u. Ruheübungen, Geschichten u. Wahrnehmungsspiele Yoga, Autog. Training u. d. Progr. Muskelentspannung

ISBN: 978-3-936286-90-8

Anette Raschdorf
Kindern Stille als Erlebnis bereiten
Sinnesübungen, Fantasiereisen und Entspannungsgeschichten für Kindergarten, Schule u. Familie

ISBN: 978-3-931902-59-9

Volker Friebel
Kinder entdecken die Langsamkeit
Musikalisch-spielerische Förderung von Konzentration, Achtsamkeit und Wohlbefinden

ISBN (Buch inkl. CD): 978-3-86702-062-6

Conny Frühauf, Christine Werner
Hört mal, was da klingt!
Spielerische Aktionen mit Geräuschen, Klängen, Stimme und Musik zur Förderung des Hörsinns

ISBN (Buch inkl. CD): 978-3-86702-005-3

Annegret Frank
Streicheln, Spüren, Selbstvertrauen
Massagen, Wahrnehmungs- und Interaktionsspiele und Atemübungen zur Förderung des Körperbewusstseins

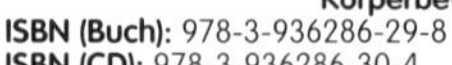

ISBN (Buch): 978-3-936286-29-8
ISBN (CD): 978-3-936286-30-4

Sybille Günther
Willkommen im Kinder-Märchenland!
Märchen werden lebendig durch Erzählen, Hören, Spielen und Gestalten

ISBN (Buch): 978-3-86702-025-1
ISBN (CD): 978-3-86702-026-8

Christel Langlotz, Bela Bingel
Kinder lieben Rituale
Kinder im Alltag mit Ritualen unterstützen und begleiten

ISBN: 978-3-86702-042-8

Margarita Klein
Schmetterling und Katzenpfoten
Sanfte Massagen für Babys und Kinder

ISBN: 978-3-931902-38-4

V. Friebel, M. Kunz
Meditative Tänze mit Kindern
In ruhigen und bewegten Kreistänzen durch den Wandel der Jahreszeiten

ISBN (Buch inkl. CD): 978-3-931902-52-0

Kinder kommen zur Ruhe
Die schönsten Melodien zum Entspannen, Einschlafen und Träumen

ISBN (CD): 978-3-936286-92-2

Der Fachverlag für gruppen- und spielpädagogische Materialien

Kooperative Spiele, Spiele in Gruppen, Lernspiele, Bewegungsspiele, Brettspiele

Ökotopia Verlag und Versand

Fordern Sie unser kostenloses Programm an:

Ökotopia Verlag
Hafenweg 26a · D-48155 Münster
Tel.: (02 51) 48 19 80 · Fax: 4 81 98 29
E-Mail: info@oekotopia-verlag.de

Besuchen Sie unsere Homepage!
Genießen Sie dort unsere Hörproben!

http://www.oekotopia-verlag.de
und www.weltmusik-fuer-kinder.de

Monika Krumbach
Das Sprachspiele-Buch
Kreative Aktivitäten rund um Wortschatz, Aussprache, Hörverständnis und Ausdrucksfähigkeit
ISBN: 978-3-936286-44-1

Sybille Günther
Hereinspaziert – Manege frei!
Kinder spielen Zirkus
ISBN (Buch): 978-3-936286-46-5
ISBN (CD): 978-3-936286-47-2

Johnny Lamprecht
Trommelzauber
Kinder lernen Trommeln und erleben Afrika mit Liedern, Rhythmen, Tänzen, Geschichten und Spielen
ISBN (Buch): 978-3-936286-86-1
ISBN (Doppel-CD): 978-3-936286-87-8

Sybille Günther
Bei Zwergen, Elfen und Trollen
Fantastische Spiele, Gestaltungsideen, Lieder und Geschichten aus zauberhaften Welten
ISBN (Buch): 978-3-936286-22-9
ISBN (CD): 978-3-936286-23-6

Sybille Günther
Feuerwerk & Funkentanz
Zündende Ideen: Spiele, Lieder und Tänze, Experimente, Geschichten und Bräuche rund ums Thema Feuer
ISBN (Buch): 978-3-931902-85-8
ISBN (CD): 978-3-631902-86-5

Mathilda F. Hohberger, Jule Ehlers-Juhle
Luftmusik & Feuerfarbe
Die vier Elemente für alle Sinne: spielen, gestalten, singen, tanzen und lebendig sein
ISBN (Buch) 978-3-86702-56-5
ISBN (CD) 978-3-86702-057-2

Marion Schütz, Sybille Günther
Geologie zum Anfassen für Kinder
Steine finden, erforschen, sammeln – die Geschichte der Erde in vielen Spielen und Aktionen
ISBN 978-3-86702-078-7

M. Kalff, B. Laux
Sonne, Mond und Sternenkinder
Mit der Mondmaus in Spielen, Liedern und Geschichten die Phänomene des Himmels erforschen
ISBN (Buch): 978-3-931902-71-1
ISBN (CD): 978-3-931902-72-8

PiT Brüssel
Professor Kleinsteins Experimentier-Werkstatt für Kinder
Verblüffende Alltagsphänomene erforschen, bestaunen, begreifen in Kindergarten, Grundschule und zu Hause
ISBN 978-3-936286-88-5

Sybille Günther
Großes Einmaleins für kleine Zauberer und Hexen
Mit zauberhaften Spielen, Geschichten, Rezepten und Tricks die magische Welt der Zauberei und Hexerei erleben
ISBN: 978-3-936286-38-0

Gisela Walter
Das Buch von der Zeit
Kinder erleben und lernen spielerisch alles über die Zeit
ISBN: 978-3-936286-59-5

Conny Frühauf, Christine Werner
Hört mal, was da klingt!
Spielerische Aktionen mit Geräuschen, Klängen, Stimme und Musik zur Förderung des Hörsinns
ISBN (Buch inkl. CD): 978-3-86702-005-3

Zur beigelegten CD

Was ist nur los im Bärenwald? Hört sich so der Frühling an? Kleiner Bär Athos erwacht aus seinem Winterschlaf. Er gähnt und streckt sich, er zupft sich am Ohr, denn alles ist anders als sonst. Die Bärenmama findet die Honigwiese nicht mehr und zeigt auf ihre leeren Fässchen. Mit seinem Milchzähnchen am Halsband und der Fahrradkette um die Vorderpfote macht kleiner Bär Athos sich auf, die Stille zu suchen. Ob er sie finden wird? Er gerät in die Menschenwelt und tanzt und singt dort mit den Kindern auf ihren Festen. Unversehens plumpst er hinein in den Eiertanz, verliebt sich in die kleine Mia, plündert mit den Kindern die Beerenhecken, und dann …? Mit dem kleinen Bären Athos gelingt es uns leicht, den ersten Tanzschritt und den richtigen Ton der Lieder zu finden. Und wenn Ihr euch besonders für die Abenteuer des kleinen Bären interessiert, klickt ihr ihm einfach hinterher. Singen und tanzen könnt ihr dann später.

Nr.	Titel	Zeit
1.	Frühlingserwachen	1:08
2.	♪ Winteraustreib-Tanz	4:19
3.	In der Bärenhöhle	2:21
4.	Kleiner Bär Athos	1:46
5.	Ostereier	2:52
6.	Hinter dem Komposthaufen	1:19
7.	♪ Kükenlied (Eiertanz)	3:03
8.	Frühlingswiesen	1:24
9.	♪ Frühlingslied	2:08
10.	Im Kinderhort	0:52
11.	♪ Wir wandern in das Licht hinaus	1:37
12.	Athos, der Beerenpirscher	2:26
13.	♪ Beerenfinger-Kanon	1:23
14.	Bärentränen	1:06
15.	Düfte in der Bärennase	1:07
16.	♪ Erntedank-Tanz	3:31
17.	Der Lichtstrahl	1:37
18.	Wo die Stille nur ist	1:40
19.	♪ Jahreslauf	1:30
20.	Am einsamen Haus	0:45
21.	♪ In die Träumenacht	1:48
22.	♪ Abendlied	2:33
23.	Rübengeister	0:55
24.	♪ Gespensterlied	4:12
25.	Strahlende Augen	1:52
26.	Der Bär an der Krippe	0:22
27.	♪ Jemand ist traurig	1:53
28.	Erstes Adventslicht	0:34
29.	♪ Still, still, still	3:14
30.	Um den Adventskranz	0:34
31.	♪ Das Weihnachtslicht	2:17
32.	♪ Lichterreigen	5:47
33.	Wieder daheim	1:13
34.	♪ Die kleine Höhle	2:01
35.	Bärentraum	1:21
	Gesamtspielzeit:	1:08:48

Sprache: Marianne Kunz.
Gesang: Marianne Kunz, Mathias Katz, Simone Kunz, Volker Friebel.
Musik und Liedtexte: Marianne Kunz & Volker Friebel.
Naturgeräusche und Instrumente: Volker Friebel.
Produktion: Volker Friebel für Ökotopia Verlag.